beck'sche reihe

DAS JAHRTAUSEND

bsr

Die Serie „Das Jahrtausend“ der Frankfurter Allgemeinen Zeitung führt durch die Spiegelungen und Vorspiegelungen der Vergangenheit von zehn Jahrhunderten. Auf dieser Reise durch die Zeit folgt der Leser dem einzelnen Lebenslauf und der Kette der Ereignisse, er begegnet Kunst und Literatur, trifft auf Ängste und Hoffnungen vergangener Epochen und lernt den Alltag in Krieg und Frieden kennen. Wer zu erfahren wünscht, was jetzt ist, erhält die Antwort in dem, was einmal möglich war.

Michael Jeismann, geb. 1958, promovierte im Fach Geschichte an der Universität Bielefeld bei Reinhart Koselleck und ist seit 1993 Redakteur der Frankfurter Allgemeinen Zeitung. Zu seinen Veröffentlichungen zählen u.a.: Das Vaterland der Feinde. Studien zum nationalen Selbstverständnis und Feindbild in Deutschland und Frankreich 1792–1918, Stuttgart 1992, sowie der Sammelband Mahnmal Mitte. Eine Kontroverse, Köln 1999.

Das 14. Jahrhundert

Abschied vom Mittelalter

Herausgegeben von
Michael Jeismann

Verlag C. H. Beck

Mit 10 Abbildungen im Text

Die Deutsche Bibliothek – CIP-Einheitsaufnahme

Das 14. Jahrhundert : Abschied vom Mittelalter / hrsg. von
Michael Jeismann. – Orig.-Ausg. – München : Beck, 2000
(Beck'sche Reihe ; 4114 : Das Jahrtausend)
ISBN 3 406 45614 6

Originalausgabe
ISBN 3 406 45614 6

Umschlagentwurf: +malsy, Bremen
Umschlagabbildung: Simone Martini, Reiterbildnis
des Guido Riccio da Fogliano (Detail), Siena, Palazzo Pubblico
(Foto: Archiv für Kunst und Geschichte, Berlin)

Satz: Kösel, Kempten
Druck und Bindung: C. H. Beck'sche Buchdruckerei, Nördlingen
Gedruckt auf säurefreiem, alterungsbeständigem Papier
(hergestellt aus chlorfrei gebleichtem Zellstoff)
Printed in Germany

Inhalt

Kleine Chronik

1300: Papst Bonifaz VIII. verkündet das erste „Heilige Jahr" in Rom · *1301:* Beginn planmäßiger Forstnutzung in Deutschland · *1303:* Der Papst kommt bei einem Attentat ums Leben · *1305:* Der Kandidat des französischen Königs, Clemens V., wird zum Papst gewählt · *1308:* Der Deutsche Orden erobert Danzig · *1309:* Papst Clemens V. in Avignon, es beginnt die „babylonische Gefangenschaft" der Kirche · *1313:* Giovanni Boccaccio geboren · *1314:* Doppelwahl in Deutschland, Beginn des Konflikts zwischen Habsburg und Wittelsbach · *1317:* Giotto vollendet das „Leben des hl. Franziskus und der beiden Johannes" in der Kirche S. Croce in Florenz · *1326:* Russischer Metropolit verlegt Sitz von Wladimir nach Moskau · *1331* Stepan Dušan König der Serben, Begründer des kurzlebigen großserbischen Reiches · *1332:* Der englische König Eduard III. widerruft seine Anerkennung des französischen Königs Philipp VI. aus dem Haus Valois · *1337:* Beginn des Hundertjährigen Krieges zwischen England und Frankreich · *1347:* Beginn der Großen Pest, von China kommend, zuerst in Genua und Sizilien, in deren Folge die Bevölkerung in Europa um etwa ein Drittel dezimiert wird – Ausnahmen bilden Böhmen und Polen, auf Grund von Quarantänemaßnahmen · *1356:* Erster allgemeiner Hansetag · 1364: Universität Krakau · *1372:* Byzanz und Bulgarien werden Vasallenstaaten des Osmanischen Reiches · *1378:* Papstdoppelwahl, Beginn des Großen Schismas · *1383:* Wicliff übersetzt das Neue Testament ins Englische · *1389:* Schlacht auf dem Amselfeld

Achatz von Müller

Das Gnadenkonto ist gesperrt

Und alles wird zum Zeichen: Blick hinter doppelte Spiegel

„Der ferne Spiegel" nannte Barbara Tuchmann ihren dickleibigen Essay über das vierzehnte Jahrhundert. Das Buch erschien vor drei Jahrzehnten, auf dem Höhepunkt einer Epoche, die sich „die Moderne" nannte und nun fast so fern ist wie das spiegelnde Jahrhundert. Inzwischen müssen sich die Mediävisten mit N. F. Cantors subtil-bösartigem Vorwurf der Erfindung einer Epoche („Inventing the Middle-Ages", 1991) herumschlagen. Nur die Postmoderne hatte geglaubt, die Spiegelmetapher schon sicher erledigt zu haben. Und dann war es wiederum das vierzehnte Jahrhundert, über das der Einfall in die Festung ihrer zirkulären Diskurse gelang: Umberto Ecos „Der Name der Rose" hatte erneut einen Spiegel konstruiert. Diesmal ging es um die Spiegelung des Konfliktes zwischen sich absolut setzender Staatsgewalt und „linkem" bis „terroristischem" Protest in den postindustriellen Gesellschaften durch die Antinomie zwischen inquisitorischer Kirche und häretisierter Armutsspiritualität in den ersten Dezennien des vierzehnten Jahrhunderts.

Dies aber war deutlich nur die Spiegelung des Vordergrundes. Der ironische Semiotiker, der Eco auch war und ist, erkannte tatsächlich einen doppelten Spiegel im vierzehnten Jahrhundert. Für ihn ist es das Jahrhundert der Zeichen. Natürlich hatte es gerade im Mittelalter stets sprechende Zeichen gegeben. Aber sie waren ebensosicher niemals sie selbst, sondern nur Hinweise auf größere Zeichen, auf Ideen oder „Universalien", gewesen. Nun aber gewann mit der Evidenzforderung Wilhelm von Ockhams (etwa 1280 bis 1349) und seiner daher streng auf die alleinige Erkennbarkeit der Dinge in der Welt beschränkten Erkenntnislehre die Welt selbst semiotischen Charakter. Für Eco war dies die Voraussetzung für das Wirken seines Zeichen lesenden, deutenden und damit zu logischen Schlüssen befähigten „Spurensuchers" und „Freundes Wilhelm von Ockham", des Krimihelden, Detektivs und Klerikers Wilhelm von Baskerville.

Die Kurie als Fort Knox

Der ockhamistische Detektiv löst bekanntlich die geheimnisvollen Morde in einer Benediktinerabtei im Apennin des November 1327. Aber wie gesagt – Eco ist Ironiker. Als solcher läßt er allenfalls zerbrochene Spiegel zurück. Wilhelm verabschiedet sich daher auch von der vermeintlichen Kriminalgeschichte mit dem Hinweis auf die Notwendigkeit, die Instrumente der Erkenntnis nach ihrer Benutzung zu zerstören. Mit anderen Worten: Ist das vierzehnte Saeculum wirklich ein Spiegel des zwanzigsten Jahrhunderts? Vielleicht ist es ganz gleichgültig, wie wir das Jahrhundert nennen, von dem wir berichten. Nur eines gilt: Die Geschichte auch dieses Jahrhunderts läßt sich nur von zwei Seiten aus gleichzeitig erzählen – von ihm selbst her und von hier und heute aus.

Der große Vorteil dieses Jahrhunderts ist: Es läßt sich ganz von vorne zumindest beginnen. Am 1. Januar des Jahres 1300 nämlich – so berichtet ein glaubwürdiger Augenzeuge (Kardinal Jacopo Stefaneschi) – sei das Volk von Rom, „durch Zeichen bewegt", nach St. Peter geströmt und habe um Segen und Ablaß gebeten. Mit Zeichen beginnt es, und mit Zeichen setzt es sich fort. Denn es ist nun die Kurie, die, dem „Verlangen des Volkes“ folgend, ein großes Zeichen setzt. Papst Bonifaz VIII. verkündet am 22. Februar rückwirkend die Ausrufung eines „Jubeljahres“, das allen Rom-Pilgern einen Plenarablaß – den vollständigen Nachlaß aller Sündenstrafen – verheißt. Darüber hinaus solle es hinfort alle hundert Jahre mit dem Anbruch eines neuen Jahrhunderts einen solchen „Zentenarablaß“ geben. Wir wissen, daß diese Verfügung der päpstlichen Bulle „Antiquorum habet fida relatio“ keine fünfzig Jahre hielt. Das nächste Jubeljahr wurde bereits für das Jahr 1350 ausgerufen. Wir selbst erleben das Jahr 2000 als Erbe dieser Verfügungen, die längst bei Intervallen von 25 Jahren angelangt sind. Zugleich aber bleibt es das besondere Charisma des ersten Jubeljahres, nicht nur der Kirche eine großartige Inszenierungsmöglichkeit geschaffen, sondern die Jahrhundertscheide als magisches Massenerlebnis geschaffen zu haben. Daß nämlich „Massen“ nach Rom strömten, steht außer Zweifel.

Wir kennen die Zollstatistik einer Station des Weges über den Paß Großer St. Bernhard und entnehmen ihr, daß im Jahr 1300 so viele Reiter diesen Weg nahmen wie insgesamt in den fünf Jahren zuvor. Dazu kommen Berichte und Schätzungen der Zeitgenossen voller Lust an Statistik, an der auch Jacob Burckhardts „Erfinder der Statistik“, der Florentiner Chronist Giovanni Villani, teilhat. Er schätzt die Zahl der Rom-Pilger auf etwa zweihunderttausend residierende und mindestens die gleiche Menge an Tagestouristen. Auch Dante war in Rom und berichtet, man habe wegen der Massen das „Rechtsgehen“ an engen Wegstellen erfunden.

Zeichen und Zahlen – beides bestimmt die Diskurse des Jahrhunderts. Sie figurieren als Ausweis seiner Ambiguität zwischen Psychose und Rationalität. Soeben hatte Papst Bonifaz VIII. in der Bulle „Unam Sanctam“ noch den Weltherrschaftsanspruch des Papsttums verkündet, soeben noch in der Bulle „Antiquorum habet" das Jubeljahr der Kirche ausgerufen, da wird er im heimatlichen Anagni im Auftrag des französischen Königs von einer abenteuernden Interventionstruppe verhaftet. Nichts scheint gewiß, nichts ist sicher. Übrigens auch das Datum der Bulle zum Jubeljahr nicht. Der 22. Februar ist vorgetäuscht. Tatsächlich war die Bulle am 16. Februar erlassen worden, wurde aber sodann vorausdatiert. Der Grund: Der 22. Februar bezeichnet den Tag der Thronbesteigung des heiligen Petrus, fixiert also die Erfüllung der magischen Heilshoffnungen des Jahrhundertwechsels an die Gestalt des Apostelfürsten. Alles ist Zeichen.

Giuseppe Toffanin hat einst das dreizehnte Jahrhundert als „secolo senza Roma" charakterisiert. Tatsächlich aber wendet sich erst das vierzehnte Jahrhundert von Rom ab. Und dies geschieht, kaum daß Rom und die „Cathedra St. Petri" das Patronat über das Jahrhundert erklärt haben. Das Anagni-Abenteuer, dem Bonifaz VIII. soeben noch entkam, war das wahre Menetekel für die Geschicke des Papsttums in den folgenden Dezennien. 1309 hatte Clemens V. als williger Untertan seines Königs Philipp IV., in aporetischer Pointierung „der Schöne" genannt, den Sitz des Papsttums fort von den Apostelgräbern in die Rhône-Stadt im Schatten der Nationalkirchenpolitik des Königs verlegt. Dort wurde er gebraucht – für die französische Kirchenpolitik und für die Aneignung des bis heute weit überschätzten Vermögens des Templerordens. Der von Philipp inszenierte und mit Hilfe der immerhin zuweilen widerstrebenden Kurie gegen die Templer erzwungene Prozeß läßt an brutaler Rechtsbeugung nichts zu wünschen übrig. Das protonationale Königtum zeigt gleichsam schon in der Wiege des künftigen Nationalstaates, daß es nicht wie Herkules Schlangen, sondern Recht im Dienste „höherer Interessen" zu würgen vermag.

Aber in diesem Jahrhundert sind auch die Schurken Menschen. Philipps zentralmonarchischer Idealstaat öffnete realiter einer neuen Gruppe endgültig die Tür: Hier begann der Aufstieg der „königlichen Räte“, der bürgerlichen und kleinadeligen Juristen. Nicht alle gefallen uns, doch sozial sind sie unsere Vorfahren. So auch mentaliter der Nachfolger Clemens' V. in Avignon. Papst Johannes XXII. zählt bereits zum Zeitpunkt seiner Wahl zu den sprechenden Ambiguitäten des Jahrhunderts. Er war 72 Jahre alt. Ein typischer Kompromißkandidat, gewählt allein, um Zeit zu gewinnen – übermorgen konnte er sterben. Alles trog. Der Großbürger aus der Geldstadt Cahors besaß die Zähigkeit aller monetären Greise – ein Dagobert Duck des vierzehnten Jahrhunderts. Er wurde 90 Jahre alt, regierte 18 Jahre und setzte – seit 1310 Bischof von Avignon – die Stadt als päpstliche Residenz endgültig durch. Sie blieb es bis 1377 ausschließlich und auch seit 1378 immer noch in Konkurrenz mit Rom. Erst 1417 sollte auf dem Konzil von Konstanz dieses „große abendländische Schisma“ zugunsten Roms und Papst Martins V. beendet werden.

Johannes war alles andere als ein Sklave seines Schutzherrn, König Philipps V. von Frankreich. Er maßregelte den König, wo immer er konnte. Er solle seinen Haushalt ordentlich führen, die Frauen seiner Familie besser behandeln und vor allem nicht zu kurze Röcke tragen. Die wesentlichste Leistung dieses seltsamen Papstes bestand aber darin, die Kurie in eine Art sakrales Fort Knox verwandelt zu haben. Mit ihm entstand in Avignon jenes „römische“ Pfründen- und Gebührensystem, das die altkirchlichen Praktiken übertraf wie die Armbrust den Bogen. Achthunderttausend Goldgulden raffte dieser harte Greis auf solche Weise zusammen: das Vierzigfache des Gründungskapitals der Shareholder der Medici-Bank am Ende des Jahrhunderts.

Dies war der einzige Schatz, den er akzeptierte. Seine Abwendung von der kirchlichen „Gnadenschatzlehre“ schuf die Voraussetzung für seinen wegweisenden theologischen Materialismus – ein Protokalvinist auf dem Papstthron. Johannes verkündete nämlich allen Ernstes, die Heiligen beziehungsweise deren „gute Werke“ durch das Gebet anzurufen sei völlig sinnlos. Wie alle anderen auch erführen sie die „visio beatifica“ erst am Jüngsten Tag, der „Schatz ihrer Werke“ werde also erst dann validiert. Von einem Konto, das es nicht gibt – so war diesem heiligen Bankier klar –, kann auch nichts abgehoben werden. Es war nur konsequent, wenn Johannes nicht zögerte, die radikalste Herausforderung der Amtskirche sofort anzunehmen. Und das hieß: Kampf gegen die Spiritualen, Fratizellen und andere Franziskaner – mit einem Wort die radikalen Verfechter der Armutstheologie.

Diese Verkünder der materiellen Armut als wesentliches Zeichen der richtigen Nachfolge Christi waren die „geborenen“ Feinde dieses Papstes. Zugleich aber entstammten dieser Gruppe radikaler Franziskaner die wichtigsten intellektuellen Theologen der Zeit: Michael von Cesena, Ordensgeneral und Verfechter der Armutstheologie im Geiste des Petrus Johannes Olivi, erneuerte dessen spiritualistische Position gegen „Wucher“, Gewinne und unlautere Preise. Der Papst hatte 1326 den kurz vor dem Beginn des Jahrhunderts verstorbenen Olivi wohlbedacht als Ketzer verurteilen lassen. Ein überdeutliches Zeichen. Aber da waren noch Wilhelm von Ockham, der nominalistische Erkenntnistheoretiker, dessen „Rasiermesser“ überflüssige Beweise für obsolet erklärte, oder der in Paris lehrende Johannes Buridanus, dessen konsequenter Empirismus – „ich habe gesehen“ statt „er hat gesagt“ – mit „Buridans Esel“ konfrontiert wurde, der sich nunmehr zwischen zwei Heuhaufen nicht mehr entscheiden könne. Oder der ebenfalls in Paris wirkende politische Pamphletist Marsilius von Padua, dessen Schrift „Verteidiger des Friedens“ eine funktionalistische Politologie anbot, in der Kirche und Klerus nur noch als „Gebetsstand“ zugelassen waren.

Materialisten unter sich

Diese und andere waren nun im Visier des Papstes. Meisterhaft verstand es dieser Ökonom, dabei gleich alle Streitigkeiten in einem großen Konflikt zu vereinen: Armutsstreit, radikaler Nominalismus und Kampf der Universalgewalten erledigte er mit einem Streich. Seinem politischen Hauptgegner, Kaiser Ludwig dem Bayern, der sich in Rom von einem politischen Söldner krönen ließ und damit die von Johannes erneuerten Approbations- und Krönungsansprüche des Papsttums verletzte, verweigerte er die Anerkennung. „Bavarus“ nannte er stets den Herrscher im fernen München, was aus seinem Munde wie „barbarus“ klang. Für stumpfe Geister hatte der Scharfsinnige nichts übrig. Daß er die intellektuelle Elite – Ockham, Marsilius, Michael – nach München trieb, den bayerischen Hof für zwei Dezennien zu einem intellektuellen Zentrum Europas machte, gehört zu den Aporien und Travestien unserer Geschichte.

Treten wir einen Schritt zurück, und betrachten wir diese Erzkombattanten der ersten Jahrhunderthälfte, deren Wirkung sich jedoch weit über ihre Lebenszeit hinaus erstreckte. Was wir erblicken, sind tief ineinander verbissene Materialisten. Nicht nur der vielgeschmähte Johannes – selbst ultramontane Kirchengeschichten des neunzehnten Jahrhunderts melden leichte Zweifel an – ist Materialist. Er ist lediglich ein bekennender. Ob Ockhams innerweltlicher Nominalismus, ob Buridans Empirismus oder die antiwucherische Armutsspiritualität des Michael von Cesena und der politische Funktionalismus des Marsilius von Padua – sie alle sind zutiefst fasziniert von den materiellen Substanzen der Welt. Ihnen allein gilt ihre Hoffnung oder ihre Furcht. Wenn schließlich ein spiritueller politischer Häretiker und Bandit wie Fra Dolcino in einer verwirrten Mischung von Fratizellenarmut und Katharismus seinen Anhängern empfiehlt, die sündigen Güter der Reichen „auf sich" zu nehmen und im materiellen Genuß der Welt ihre Leiden auszukosten, dann pointiert er die Aporien des Armutsstreites. In England entsteht der Mythos des Robin Hood (erwähnt 1377 in W. Langlands „Piers Plowman"). Der nimmt bekanntlich den Reichen und gibt den Armen. Auch das ist eine materielle Pointe der Armutsbewegung – vielleicht die schlüssigste.

Bürgerliche Frömmigkeit ist die Trägerin derartiger Tendenzen. Fromme Stiftungen gelten auch bei Bürgern den Klöstern, Bruderschaften und Pfarreien, eben geistlichen Institutionen, deren Fürbitte dem eigenen Seelenheil zugute kommt. Das mag immer noch als gutes Geschäft erscheinen – vor allem, da man als Bürger am Rande der zulässigen Weltpraktiken balanciert. Der Umgang mit Geld und Waren bleibt theologisch verdächtig. Aber das Interesse der Bürger vor allem jener Städte in ganz Europa, die mit großen Kapitalien und weiten Wegen zu tun haben, richtet sich immer deutlicher auf die Sichtbarkeit der Stiftungen. Sie sollen als „gute Werke" erscheinen, als Zeichen der Caritas. So wachsen allmählich in Ober- und Mittelitalien, in Südfrankreich, Flandern, Oberdeutschland und in den nordwestlichen Hansestädten die Zuwendungen an Hospitäler und Armenversorgung.

Die Pestwellen seit 1348 beschleunigen diesen Prozeß. Und sie intensivieren das Interesse, sichtbare Frömmigkeit mit der Repräsentation der stiftenden Persönlichkeit zu verbinden. Verstärkt erscheinen nun Stifter selbst in frommen

Bildern oder lassen wenigstens ihre Zeichen zurück. Die heraldische Phantasie ist dabei tatsächlich ebenso gefordert wie die Marktfähigkeit von „bildenden Künstlern". Die Beobachtung der Kunstgeschichte, daß in Italien nach dem Auftreten der Pest die Uniformität der kultischen Bilder zunimmt, korrespondiert dem Befund der Wirtschaftsgeschichte, die eine erhöhte Nachfrage nach solchen Bildern feststellt.

Zugleich gilt die Pest als subjektiver Horror, aber auch als soziale Wohltäterin. Den Überlebenden der Pest geht es – für kurze Zeit wenigstens – besser. Arbeiter können sogar ihre Löhne verhandeln. Daß sie daher auch – wie in Florenz – nicht nur als Testamentsaussteller auftreten – also „etwas" zu vererben haben –, sondern sogar als Stifter mit heraldischem Inventar, verdeutlicht die Breite und mentale Tiefe des gesellschaftlichen Interesses an persönlichen Zeichen. „Ich war hier" ist die Botschaft.

Bevor die Pest zumindest in den bevölkerungsreichsten Regionen Europas als Ventil für „krisenhafte" Spannungen diente, war die Mitte des Kontinents jedoch längst von einer anderen Möglichkeit der Entspannung heimgesucht worden: dem Krieg. Der Hundertjährige Krieg zwischen England und Frankreich (1329 bis 1453) war zwar formell ein dynastischer Konflikt um das Erbe der 1328 aussterbenden französischen Kapetinger, doch eben auch eine kriegerische Entladung der allgemeinen Schmälerung der aristokratischen „terms of trade".

Englands Überlegenheit in den meisten der kriegerischen Auseinandersetzungen des vierzehnten Jahrhunderts beruhte auf den berühmten Bogenschützen und wahrscheinlich mehr noch auf höheren Investitionen. Deren Basis bildeten die kreditwilligen Bankhäuser Italiens – allen voran die Bardi und Peruzzi in Florenz. An ihnen vollzog sich das Lehrstück jedweder Finanzgeschichte: Leihe keinem Mächtigen, wenn du nicht die Mittel hast, es zurückzufordern. Dies war die eigentliche Pointe des Krieges im vierzehnten Jahrhundert: Das bürgerliche Kapital lernte Autonomie und seine eigenen Gesetze. Bank- und Kreditgeschäfte veränderten sich in der Folge grundlegend. Nicht Konsum-, sondern Investivkredite wurden zur Maxime bürgerlicher Geldgeschäfte.

Der Adel wirtschaftete auf seine Weise weiter. Lieh kein Bürger, mußte es „der Jude" sein. Die Judengemeinden standen seit Friedrich II. unter dem besonderen Schutz des römischen Königs und Kaisers. Der Bewegungsraum jüdischer Geldhändler erscheint immer wieder größer, als es die Verhältnisse tatsächlich zuließen. In Frankreich spielte jüdischer Geldhandel im vierzehnten Jahrhundert so gut wie keine Rolle, in England ebenso.

Die Juden werden verkauft

Die italienischen Städte lassen „jüdisches Geld" nur sporadisch zu – stets nur dann, wenn der heimische Geldmarkt ausgetrocknet ist. Hier wie in Deutschland oder auf der Iberischen Halbinsel bleibt die Domäne jüdischer Krediteure die Pfandnahme. Kleine Leute und der Adel bilden die typische Pfandkundschaft. In den Pfandkammern der jüdischen Pfandleiher türmen sich Kleiderberge. In geheimen Schränken schlummern Preziosen. Markgraf Rudolf IV. von Baden verpfändete in den vierziger Jahren des Jahrhunderts seine Krone an Juden in Straßburg.

Es war eine problematische Schuldnermischung, die hiermit den jüdischen Geldhändlern gegenüberstand. Sie wurde explosiv, wenn ihr oberster Schutzherr das Interesse an seiner Schutzherrschaft verlor oder, schlimmer noch, die Schutzbefohlenen als verhandelbare Ware zu betrachten begann. Kaiser Karl IV. (1346 bis 1378) machte von ebensolcher Möglichkeit 1349 sowohl gegenüber der Nürnberger wie der Frankfurter Judengemeinde ausgiebig Gebrauch. Die Juden Frankfurts verpfändete er dem Rat der Stadt – mit anderen Worten: er verkaufte sie zur willkürlichen Steuerausbeutung. Den Juden Nürnbergs entzog er gegen eine entsprechende Zahlung seinen Schutz, gab sie zum „geslagen werden" frei. 560 Juden wurden in der Lebkuchenstadt ermordet. Die Frankfurter kamen nicht recht zum Zuge, denn „ihre" Juden zündeten ihre Häuser selbst an und brachten sich um. Zwischen 1348 und 1352 brachen in fast 350 deutschen Städten Pogrome los. Die berühmten Verfolgungsstereotype entstanden: Kindermord, Brunnenvergiftung, Hostienfrevel. Tatsächlich ging es fast immer um Geld, Grundstücke und kollektive Ängste.

Den Ambiguitäten des Jahrhunderts entsprechend verkehrte Karl IV. mit anderen Leuten auf andere Weise. Sein Hof in Prag galt als modern. Der Kaiser nämlich hielt zu einer gänzlich neuen Sorte von Intellektuellen – den Humanisten. Zwar hatte diese Gruppe noch nicht diesen Namen, und es war strenggenommen auch noch gar keine Gruppe – allenfalls einige dem Heidentum besonders gewogene Averroisten, einige klerikale Schöngeister und drei Männer aus Florenz: Giovanni Boccaccio (1313 bis 1375), Francesco Petrarca (1304 bis 1374) sowie Coluccio Salutati (1331 bis 1406). Boccaccio schrieb mit seiner Novellensammlung „Decamerone" den Bestseller bürgerlicher Hausbibliotheken der folgenden zwei Jahrhunderte. Doch in seinen „Genealogia Deorum" schuf er ein klassisches Humanistenstück: die allegorische Ausdeutung heidnisch-antiker Mythologien. Salutati war der Erfinder des politologischen Konzepts der Bürgerfreiheit, die unablässig den Belästigungen der Tyrannen und der Höfe ausgesetzt und daher wehrhaft ist beziehungsweise zu sein hat.

Aber der Held des Jahrhunderts ist Petrarca. Seine Verse, seine Briefe und seine Leidenschaft für antike Autoren, vor allem Cicero und wiederum dessen Briefe – natürlich Vorbild für ihn –, machen ihn noch zu Lebzeiten zur Ikone. Zudem ist er überall: in Avignon als Höfling, in Prag als Diplomat, in Köln als Literat und Beobachter badender Frauen, in Neapel als Reporter des Verbrechens, auf dem Mont Ventoux als erster Bergsteiger der Moderne, in Britannien als Erkunder Thules, in Rom als erster nachantiker „poeta laureatus“. Was macht ihn zum Stammvater aller Humanisten? Es ist eine Mischung: seine Lust am „echten“ antiken Text, die man für Philologie halten könnte; sein Interesse am eigenen „Ich“ und am „Ich“ des anderen; sein Blick für die Natur, vor allem aber deren „literarische“ Reize; das Schlagwort von der Freude an der „vita solitaria“, der gelehrten, aber eben nicht monastischen Anachorese, und schließlich seine unverbrüchliche Liebe zu Rom.

Seine politischen Träume gelten der „renovatio Romae“. Zunächst erhofft er sie vom „Tribun des römischen Volkes“ Cola di Rienzo, dann von Kaiser Karl IV. Beide enttäuschen ihn. Petrarcas Blick gilt der römischen Ruine, die er vor seinem geistigen Auge zu Höfen, Tempeln, Straßen, Gärten, Palästen zusammensetzt.

Buchführung wird Bürgerpflicht

Nicht Ruinenmelancholie, sondern Rekonstruktionsrausch bestimmt ihn. Petrarca erfüllt das Interesse der ihn umgebenden Gesellschaft an der Produktion neuer Zeichen am konsequentesten. Er gibt der im Prinzip bürgerlichen Orientierung an innerweltlicher Transzendenz den richtigen Halt zum rechten Moment. Kaufleute, Bankiers in Ober- und Mittelitalien, in Oberdeutschland und im Hanseraum sind in Hauschroniken, Gedenkbüchern, Handlungsbüchern, Ricordi und Ricordanze unablässig bemüht, über sich selbst und ihr häusliches und öffentliches Handeln Rechenschaft zu leisten. Das „Ich" des Bürgers wird zum öffentlichsten Zeichen des Jahrhunderts. Es verweist auf nichts Geringeres als die Notwendigkeit der „bilancia". Die doppelte Buchführung hatte die Technik der Kontoparität hervorgebracht. Aber auch das Konto zwischen Welt und Jenseits oder, wie Petrarca formuliert, zwischen „Leben und der anderen Seite des Lebens" mußte ausgeglichen werden. Das Interesse am Kontorraum des „Selbst" konnte ebensowenig zurückgenommen werden wie die innere Notwendigkeit der Balance. Das ist die Botschaft der materiellen Zeichen des Jahrhunderts. Balance stimulierte dabei auch die Kodierungen des öffentlichen oder politischen Raumes.

Unablässig warnen Bürgergesellschaften vor ihrer Störung: In Florenz erinnert ein Fresko im Palazzo Vecchio an den erfolglosen Tyrannisversuch des Walter von Brienne. Die auf Balance achtende Bürgerschaft vereitelte ihn. In Siena zeigt das berühmte Fresko Ambrogio Lorenzettis die harmonische Stadt unter dem Regiment von Concordia und balancierender Gerechtigkeit. Das Verhalten der Bürger ähnelt den Bildern. Beide sind öffentliche Zeichen.

Zwei politische Hinrichtungen beleuchten die Differenz zwischen bürgerlichen piktogrammatischen Notierungen der gestörten Balance und dem dynastischen Interesse an ununterbrochener Dominanz. 1327 wurde König Edward II. von England heimlich – und doch öffentlich genug – von Gattin Isabelle und einer Hofkamarilla wegen seiner immer weniger kontrollierbaren homoerotischen Leidenschaften hingerichtet. Ein glühender Spieß drang durch „die natürliche Öffnung" in seinen Leib und verbrannte sein Inneres. Der tote König wurde zur Effigie seiner selbst – seine Verletzungen blieben unsichtbar.

Ambrogio Lorenzetti, Il buon governo (Das gute Regiment),
Siena, Palazzo Pubblico, Sala della Pace,
zwischen 1319 und 1347

1355 ordnete der „Rat der Zehn“ in Venedig wegen des angeblichen Versuches der Errichtung einer Monarchie die Hinrichtung des Dogen Marino Falier an. Diese erfolgte auf den Treppen des Dogenpalastes vor einer „internen“ Öffentlichkeit, der abgeschlagene Kopf wurde jedoch auf der Piazzetta ausgestellt. Allein, die gestörte Balance bedurfte eines dauerhaften Erinnerungsbildes. Statt des üblichen Dogenporträts im Palast erhielt Falier das Bild eines Nichtbildes: ein Stück schwarzes Tuch in goldenem Rahmen, darunter die Inschrift: „Hier ist der Platz für Marino Falier, der für seine Verbrechen hingerichtet wurde.“

Jahrhundertwetter

Im April 1315 begann der unendliche Regen. Bis Mitte November setzten täglich neue Güsse ein, oft von heftigen Winden und Gewittern begleitet. Vom Pariser Becken bis ins Baltikum traten die Flüsse über die Ufer, zahlreiche Menschen ertranken in den reißenden Fluten.

Das Getreide wuchs aus, das Heu verfaulte, die Traubenbeeren fielen von den Stöcken. Dem „Jahr ohne Sommer“ folgte 1316 ein ebensolches. Europaweit, bis nach Rußland, wütete der Hunger. Da und dort ließen sich Verzweifelte zum Kannibalismus hinreißen. Zwischen 1340 und 1380 litt Mitteleuropa erneut unter kühlen und feuchten Sommern. Am schrecklichsten waren die 1340er Jahre. Im August 1342 wurde Deutschland von einer Flut heimgesucht, die in diesem Jahrtausend nicht mehr übertroffen werden sollte.

In Konstanz drang das Wasser über die Stadtmauer herein, im Dom zu Mainz stand es drei Meter hoch. Völlig aus dem Rahmen fielen die Sommer 1345 bis 1347. Es sind die kältesten in diesem Jahrtausend. 1346 stand der Wein in Lindau Anfang August, 1347 sogar Anfang September noch in Blüte. Der extreme sommerliche Wärmemangel in drei aufeinanderfolgenden Jahren könnte durch einen gewaltigen Vulkanausbruch in den Tropen verursacht worden sein, den es noch zu entdecken gilt. Die Zungen der Alpengletscher stießen in der Folge rasch zum ersten Hochstand der „Kleinen Eiszeit“ vor. Nach 1380 dehnte sich das sommerliche Azorenhoch wieder häufiger nach Mitteleuropa aus, der Wein floß reichlicher und schmeckte kräftig.

Die „Kleine Eiszeit“ begann um 1300 mit einem Sturz der mittleren Wintertemperaturen von zehn Grad gegenüber der „Mittelalterlichen Warmzeit". Gegen die Mitte des vierzehnten Jahrhunderts hin wurden die Winter deutlich wärmer. Um 1900 endete die „Kleine Eiszeit". Sie trug nicht den Charakter einer einheitlichen Kaltzeit. Vielmehr schoben sich zwischen kalte und feuchte Phasen immer wieder wärmere Abschnitte ein, und innerhalb der Jahreszeiten zeigten sich, wie in der Mitte des vierzehnten Jahrhunderts, oft gegenläufige Tendenzen.

Werner Röcke

Gewalt kommt über uns

Aus dem Fest wird ein Morden jenseits aller Gründe: Heinrich Wittenwilers „Ring“

Die literarische Signatur des dreizehnten Jahrhunderts ist das Fest. Es ist Ausgangs- und Zielpunkt des höfischen Romans; Zeit der Ausnahme vom Alltäglichen, des Genusses und der Repräsentation von Macht, aber auch Ort des politischen Ausgleichs und einer gesellschaftlichen Harmonie, die zwar – so die Urszenen der Erzählungen von König Artus und seiner Tafelrunde, von Erec und Iwein, von Wigalois und Gawein – von innen oder außen gefährdet, schließlich aber doch in der Feier gemeinsamer Festesfreude wiederhergestellt wird. Grundlage der Festesfreude ist die Gewißheit, daß die Ehre des einzelnen Ritters oder Fürsten anerkannt, seine Herrschaft, trotz vielfältiger Kollisionen mit den Interessen anderer, gesichert und die Einheit wie die Privilegien des Adelsstandes gegenüber allen anderen Ständen gewahrt bleiben.

In der Literatur des vierzehnten Jahrhunderts hingegen ist der Schein der Harmonie verflogen. An seine Stelle treten quälende Bilder von Rechtsbruch und Betrug, Übervorteilung und Egoismus, Gewalt und Krieg, aber auch immer drängendere Fragen nach den Voraussetzungen und Möglichkeiten menschlicher Vernunft, nach den Motiven menschlichen Handelns, nach Triebgebundenheit und Körperlichkeit des Menschen, welche die Überzeugung von seiner Gottesebenbildlichkeit zunehmend fragwürdig erscheinen lassen. Diese Literatur ist in einem neuen, bislang nicht gekannten Sinn radikal, da sie vertraute Sinnorientierungen dadurch in Frage stellt, daß sie diese noch einmal zitiert, gerade dadurch aber zum Scheitern bringt. Am eindringlichsten wird diese Krise der traditionellen Orientierungen in einem Text inszeniert, der nur in einer einzigen Handschrift überliefert, zugleich aber und zu Recht als „Haupt- und Schlüsselwerk des Spätmittelalters" (Max Wehrli) bezeichnet worden ist: im „Ring" des Heinrich Wittenwiler aus dem schweizerischen Toggenburg oder aus dem Konstanz des späten vierzehnten Jahrhunderts.

Wittenwiler erzählt eine Geschichte von Liebeswerben und Minnedienst, von Turnier und Spiel, Ehre und Fest, die aber ihrer ritterlich-höfischen Semantik entkleidet und auf höchst bezeichnende Weise ins Gegenteil verkehrt ist: Die Szene ist nicht ein fürstlicher Hof, sondern ein Bauernhof, die Akteure sind nicht adligen, sondern bäuerlichen Standes. Also steht nicht deren Schönheit, sondern ihre Häßlichkeit im Mittelpunkt, nicht ritterliche Tugend, sondern die Herrschaft der Triebe und des Begehrens; nicht Bilder gesellschaftlichen Friedens und geglückter Harmonie, sondern ganz im Gegenteil die Explosion unkontrollierter Gewalt und eine Lust am Töten. Das Fest der Liebe und der Hochzeit zwischen Bertschi Triefnas und Mätzli Rüerenzumph, den grotesk-häßlichen Helden des „Rings", mündet in einen Krieg zweier Bauerndörfer, der sich seinerseits zum Weltkrieg auszuweiten droht: Trotz seiner regionalen Beschränktheit repräsentiert das Geschehen ein bedrückend resignatives Bild vom ganzen „Ring der Welt", die an sich selbst, nicht an äußeren Gefahren zu zerbrechen droht. Zwar ist dabei die Verkehrung des höfisch-adligen in ein bäuerliches Milieu, der Schönheit des adligen Körpers in die groteskesten Deformationen, der Lust an Überfluß und an der Verschwendung in den schlimmsten Mangel, der Inszenierung von Frieden und Harmonie in erschreckende Bilder von Gewalt, Krieg und Tod offensichtlich genug. Darüber hinaus aber rührt die beklemmende Faszination, die Wittenwilers „Ring“ bis heute zu wecken versteht, wohl daher, daß er nicht allein Krieg und Gewalt als die andere, die dunkle Seite des Festes beschreibt, sondern darüber hinaus auch keinerlei Grund oder Sinn des Krieges mehr zu erkennen gibt.

Kriege bedurften in Antike und Mittelalter und sie bedürfen bis heute der Begründung und der Rechtfertigung. Sie werden legitimiert aufgrund des geschundenen Rechts, der Vergewaltigung und der Lebensbedrohung von Menschen. Sie dienen der Rache für erlittene Gewalt oder zur Wiederherstellung des alten und guten Rechts. Oder aber – ehrlicher vielleicht – sie beschränken sich auf den Raub von Land und beweglichen Gütern sowie auf die Durchsetzung von Machtansprüchen oder ethnisch begründeten Vertreibungen, ohne moralisch-rechtliche Begründungen weiter zu bemühen. Offensichtlich wird dabei die ausschließlich machtpolitische Begründung als hinreichend angesehen: Zwar empört diese das Rechtsempfinden, ist aber immerhin doch eine Begründung kriegerischer Gewalt.

Wittenwilers „Ring“ nun, darin liegt zweifellos seine Modernität, aber auch seine historische Funktion als Sprachrohr einer heillosen Zeit, verzichtet auf Begründungen oder Legitimationen solcher Art. Vielmehr entsteht sein Krieg aus dem Hochzeitsfest für Bertschi Triefnas und Mätzli Rüerenzumph selbst, aus Tanzvergnügen und Liebesbegehren: Ein Bauernbursche des Nachbardorfs Nissingen hat ein Mädchen aus Bertschis Dorf Lappenhausen beim Tanz an der Innenseite ihrer Hand blutig gekratzt, um ihr auf diese Weise seine Zuneigung zu bekunden, damit aber einen Wutausbruch der Lappenhausener – nomen est omen: „Lappen“ sind närrische Tölpel – hervorgerufen: Die unbedeutende Geste führt zu einer maßlosen und vor allem rasend schnellen Steigerung von Rachedrohung und Gegendro-

Ausschnitt aus der ersten Seite der Meininger „Ring"-Handschrift: Alles beginnt mit einer falschen Geste, mit einem falschen Wort. Was daraus aber folgt, steht so kraß in keinerlei Verhältnis zu den anstößigen Gesten und Worten, daß man mit der vergeblichen Suche nach Erklärungen, mit dem verlorenen Sich-im-Kreis-Drehen der Vernunft, sich schon mitten im „Ring" befindet: Die Explosion der Gewalt genügt sich selbst und kann nur an sich selbst ersticken. Es ist die große literarische Leistung Heinrich Wittenwilers, daß er dieser Enthemmung konsequent folgt.

hung, Gewaltphantasien und Gewalttätigkeiten. Dabei ist es vor allem die rasche Dynamik, die Verselbständigung und Mechanik der Gewalt, die keinerlei äußeren, sondern bestenfalls den eigenen Regeln folgt und auf jegliche Zwecke, die es zu realisieren, oder Ziele, die es zu erreichen gilt, verzichtet, die diesen Text aus der Literatur des vierzehnten Jahrhunderts hervorhebt. Weder ist er belehrend – was immer wieder behauptet worden ist –, noch verzichtet er auf Didaxe, sondern er referiert und zitiert sie, um sie auf diese Weise zuschanden werden zu lassen. Dabei wird die Metamorphose des Festes zum Krieg durchaus moralisch und rechtlich untermauert. Gleichwohl gerät auch die – von Augustinus verbindlich formulierte – Lehre vom „gerechten Krieg", die beide Seiten zur Legitimation ihrer Ansprüche heranziehen, in den Strudel der Gewalt, die sich an keinerlei Ordnung, Legitimation oder auch militärische Planung mehr hält.

Zwar finden wir auch in anderen literarischen Kriegsdarstellungen des Mittelalters grellste Gewaltphantasien. Nur Wittenwilers „Ring" aber kennt eine Lust am Töten um ihrer selbst willen und eine quälende Entgrenzung der Leiber, der jeder Sinnzusammenhang und jede Form einer plausiblen Erklärung für diese Explosion der Gewalt verlorengegangen ist. Sinnfälligsten Ausdruck findet dieser Sinnverlust des Tötens in den Bündnispartnern, die beide verfeindeten Dörfer aus Poesie und Mythos herbeizitieren und denen jeglicher Zweck der Gewalt außerhalb ihrer selbst fremd ist. Ihnen geht es ausschließlich um die Lust am Töten, um die Verletzung der Leiber und die Freuden der Qual, die sie ungemein erfinderisch werden läßt.

Wolfgang Sofsky hat immer wieder darauf hingewiesen, daß erst die prinzipiell grenzenlose Vorstellungskraft und Phantasie des Menschen die Entgrenzung jeglicher Form von Gewalt ermöglicht: Gerade in den Torturen und Quälereien des Krieges „gibt es keine Grenzen, deren Überschreitung sich Menschen nicht vorstellen können". Wittenwilers „Ring" ist in dieser Entgrenzung der Gewalt und der Zerstörung von Körpern besonders erfinderisch. Seine Hexen und Riesen, seine Zwerge, Recken und „Wilden Männer" schlagen und stechen, zerquetschen und zerreißen, zerbeißen und zerdrücken, was sie an Körpern oder auch Körperteilen der Feinde zu fassen bekommen. So zum Beispiel wird einem Riesen ein Auge aus dem Kopf gerissen, so daß es ihm an der Nase hängt und er es selbst ganz herausziehen kann; einem anderen werden Hautfetzen abgerissen, wohingegen ein dritter „durch flaisch und pain" in zwei Hälften gespalten wird, der aber ungerührt weiterspricht und erst, als er sich bücken will, in zwei Teile zerfällt.

Die groteske Deformation des Körpers also, die im Verlauf des Krieges inszeniert und immer weiter radikalisiert wird, wirkt nicht nur bedrohlich, sondern verschiedentlich auch außerordentlich komisch. Das Gelächter allerdings, das damit hervorgerufen wird, ist ebensowenig eindeutig und ebenso irritierend wie die Kriegsszenerie insgesamt, die Wittenwiler entwirft und der jeglicher Sinnzusammenhang verlorengegangen ist. Die Komik des „Rings" ist einerseits von einer beklemmenden Gewalttätigkeit, die das Lachen im Halse steckenläßt, andererseits aber – und dem entgegengesetzt – wirkt diese Komik auch befreiend, da sie neue und überraschende Bilder vom Körper und von seinen Funktionen entwirft, die gerade in den grotesken Deformationen des Körpers Lachen hervorrufen.

Schließlich aber ist die Komik des „Rings" wohl auch Ausdruck einer prinzipiellen Verunsicherung, die angesichts weitreichender Veränderungen der sozialen und politisch-rechtlichen Ordnung im vierzehnten Jahrhundert, und gerade der gewohnten Deutungs- und Selbstverständigungsmuster in dieser Zeit, „einzig mit einer Aktion statt der

Aktion: mit Lachen", reagieren läßt. Denn – so Odo Marquardt – „komisch ist etwas, mit dem man nicht fertig wird". Wittenwilers „Ring" ist Medium der Reflexion und der Imagination einer Krise, die gefürchtet und beklagt, verurteilt und verdammt, nur in seltenen Fällen aber tatsächlich verstanden wird. Der „Ring" gipfelt in einem höchst resignativen Schlußtableau, das die Grundtendenz dieses Jahrhunderts mit seinen Seuchen und demographischen Katastrophen, seinen endlosen Kriegen und Gewalttaten am besten vergegenwärtigt: Angesichts des ziel- und zwecklosen Mordens, das mit dem nichtigen Kratzer beim Tanz begann und in Strömen von Blut endet, flieht Bertschi Triefnas zunächst auf einen Schober und ernährt sich von Heu und Stroh, findet dann im völlig zerstörten Lappenhausen Frau und Kinder erschlagen, so daß er vor übermächtiger Trauer ohnmächtig wird, und zieht sich schließlich, zutiefst verstört vom Grauen seiner Welt, zu Andacht und Gebet in die Waldeinsamkeit des Schwarzwaldes zurück. Allerdings bleiben die Gewaltphantasien von Wittenwilers „Ring" sowie die resignative Schlußgeste des „Adieu, Welt" in der Literatur des vierzehnten Jahrhunderts nicht die einzige Möglichkeit, die Gegenwart und Herrschaft, ja Allmacht des Todes vorstellbar, vielleicht sogar handhabbar zu machen. So zum Beispiel hat Wittenwiler die Schrecken des Todes in der Bilderfolge vom Untergang Lappenhausens, von Leichenbergen und Seen von Blut vergegenwärtigt, denen gegenüber jede Form kritischen oder auch nur entlastenden Räsonnements versagt.

Gewöhnlich sind es Zeiten der Wende, die auch die Literatur dazu befähigen, die Nöte der eigenen Zeit präzise zu erfassen und die literarischen Bilder zu radikalisieren. Gelächter, Trauer und theoretische Schärfe sind dabei enger verbunden, als es der erste Anschein nahelegt.

Michael Jeismann

Jüngste Tage

Die Farbe Rot

Rosen blühen rot aus dem Blut der Tapfersten; ein Herrscher fällt in der Schlacht für das christliche Himmelreich; sein abgeschlagenes Haupt liegt vierzig Jahre frisch erhalten in Quellwasser, bevor es in ein Kloster schwebt; ferner: ein Held, der unter Aufopferung des eigenen Lebens den osmanischen Sultan Murad tötet; ein Verräter, der mitten in der Schlacht mit seinen Truppen zum Feind überläuft, und ein Mädchen, das den Sterbenden Wein reicht. Schwarze Raben hatten das Unheil angekündigt, und zwei meterhohe Kerzen werden brennen, wenn das Vaterland befreit ist.

Das ist das mythische Bild von der Schlacht auf dem Amselfeld im Jahr 1389. Elemente des Mythos vom „Kosovo" finden sich ähnlich in vielerlei Variationen in anderen europäischen Nationalmythen, und es ist kein Zufall, daß die serbische Volksdichtung im ersten Drittel des neunzehnten Jahrhunderts ins Deutsche übersetzt wurde – im Geist der romantischen National- und Volkspoesie. Die Herausgeberin der deutschen Ausgabe der serbischen Volkslieder widmete 1825 ihre Sammlung übrigens Goethe, das „Menschliche-Wahre" der serbischen Dichtung hervorhebend.

Sechshundert Jahre sind seitdem vergangen: eine sehr lange Zeit, sogar für die Geschichte selbst, und man darf sich wundern, warum dieser Mythos vom Amselfeld heute die Menschen noch bewegen sollte. Freilich ist es auch bei uns gar nicht so lange her, daß man dem Kaiser Barbarossa oder Hermann dem Cherusker Denkmäler setzte. Daß man mit einigem Wohlwollen über die „Serbische Revolution" schrieb wie Ranke im Jahr 1827 und dabei hervorhob: „Auch unterdrückte Völker haben ihre Geschichte."

Aber das war neunzehntes Jahrhundert, und bei aller Gleichzeitigkeit des Ungleichzeitigen: Auch die Serben leben jetzt im letzten Jahr des zwanzigsten Jahrhunderts. Sie wissen so gut wie die anderen Europäer auch, wie die romantischen Nationalmythen geschaffen wurden, sie wissen, daß die Schlacht auf dem Amselfeld keine Entscheidungsschlacht war, sondern bloß eine Etappe der weiteren türkischen Invasion. Wie aber kann es dann der serbischen Staatsführung seit über zehn Jahren gelingen, den Mythos erfolgreich zu instrumentalisieren im Kampf um den eigenen Machterhalt und gegen die Albaner, die anders als die Serben einst die Religion der Osmanen übernommen hatten und in den Augen der Serben gleichsam zu Kollaborateuren wurden. Nimmt man alle politischen und wirtschaftlichen Interessengegensätze zwischen Serben und Albanern im Kosovo, nimmt man dazu noch die Propagandacoups der serbischen Staatsführung, mit deren Hilfe die verschiedenen Volksgruppen gegeneinander aufgehetzt wurden, so bleibt doch immer noch etwas Unerklärliches in der Tatsache, daß man in Serbien heute vom Kosovo in Sakralmetaphern spricht.

Die „lieux de mémoire", wie sie Pierre Nora nannte, die Erinnerungsorte, galten doch auch hier als längst historisiert, die Mythen der Nationen als gezähmtes Erbe, das sogar neue Gemeinsamkeiten für Europa stiften könnte. Und nun taucht das vornationale, mittelalterliche Amselfeld als Mobilisierungsfaktor auf, als Ort und Hort eines nationalen Wesens der Serben.

Wenn dieser Mythos immer noch wirksam werden kann, dann wahrscheinlich nicht deshalb, weil die Serben in Vorstellungen des neunzehnten Jahrhunderts befangen wären. Es liegt wohl auch nicht an den Instrumentalisierungen allein. Vielmehr scheint etwas anderes diesen Mythos frisch zu halten: Es ist die leitende Vorstellung von Opfer und Aufopferung. Also eine Idee, die viel älter als die Nationen ist und bis weit in die archaischen Religionen zurückreicht und zu jeder Zeit die eigene Gruppe sakralisiert und zugleich, nach der Theorie des Philosophen René Girard, inneres Konfliktpotential auffängt und nach außen ableitet. Die Aufopferung verlangt nach dem Opfer des anderen. Diese Idee hat in der europäischen Nationsbildung eine wesentliche Rolle gespielt – man denke nur an die Helden der deutschen Freiheitskriege, an Theodor Körner, an die unzähligen Märtyrer der französischen Revolutionen, allen voran Marat. Sie mag auch deshalb in Serbien für einen Moment so attraktiv sein, weil die Nato dem Gedanken des Opfers gerade so fern wie nur möglich steht – und damit dem politischen Sakralglauben unterlegen scheint.

Denn der Kriegseinsatz für humanitäre Zwecke kennt bisher keine Pathos- und Opferformeln, und es ist eine denkwürdige Pointe des gegenwärtigen Krieges zwischen der Nato und Serbien, daß das Sterben für die Humanität im Auftrag des Staates oder einer Staatengemeinschaft schwer zu legitimieren ist. Man wünscht einen Krieg ohne Opfer und ist doch schon Opfer des Krieges.

Klaus Bergdolt

Auf der Flucht vor dem Schwarzen Tod

Askese und Hedonismus: Weiterleben mit der Pest

Frag' die Historiker: Sie schweigen. Konsultiere die Ärzte. Sie staunen nur. Was wäre von den Philosophen zu sagen? Sie zucken mit den Achseln, runzeln die Stirn, legen den Finger auf die zusammengekniffenen Lippen und bitten um Ruhe." – Petrarcas ironische Umschreibung des Erklärungsnotstands der Intellektuellen läßt die Hilflosigkeit erahnen, mit der die zeitgenössische Gesellschaft dem Schwarzen Tod begegnete. Sieht man von dem aus der Antike übernommenen Ratschlag ab, „weit und schnell" zu fliehen, verfügten die Ärzte weder über effektive Heilmittel noch über eine plausible Übertragungstheorie. Da die Justinianische Pest, welche vom sechsten bis achten Jahrhundert Osteuropa und den Mittelmeerraum dezimiert hatte, im Mittelalter in Vergessenheit geraten war, mußte die „neue" Seuche den Zeitgenossen als unerhörtes Ereignis erscheinen.

Die Pandemie, welche Europa von 1347 bis 1352 heimsuchte, stellte eine der großen Katastrophen der Geschichte dar. Auch wenn die absolute Zahl der Opfer umstritten blieb, dürfte ihr mindestens ein Viertel der Europäer, in bedeutenden Städten wie Venedig, Florenz oder Paris sogar ein Drittel der Bevölkerung zum Opfer gefallen sein. Es mag überraschen, daß schon die der Pest vorausgehenden Jahre als Krisenperiode empfunden wurden. Petrarca (1304 bis 1374) sprach von einem „mundus iam senescens". „Simul ante retroque prospiciens", fühlte sich mancher Intellektuelle zwischen Scholastik und Individualismus, zwischen religiösem Glauben und Zweifel hin- und hergerissen.

Doch nicht nur die Gebildeten fühlten sich verunsichert. Die Verbreitung von Feuerwaffen im Hundertjährigen Krieg und die damit verbundene Vermassung des Kriegsalltags signalisierten einen Bruch mit den mittelalterlichen Ritteridealen. Auch die von vielen Menschen als Memento mori gedeutete Mahnung der Turmuhr, die zunehmend den öffentlichen Zeitfluß bestimmte, trug zu einer resignativen Grundstimmung bei. Seit etwa 1315 führten zahlreiche Mißernten und Hungersnöte zu einem allgemeinen Anstieg der Mortalität; Wetterkatastrophen und Münzverschlechterungen hatten für viele tödliche „Teuerungen" zur Folge.

Man war davon überzeugt, Gott wolle die Menschheit strafen. Einige Kleriker sahen die Ursache hierfür in der moralischen Verkommenheit der Zeitgenossen. Schon die Fama der Pest wirkte lähmend. Caffa (das heutige Feodosia) auf der Krim war als erster europäischer Ort betroffen. Nach der „Historia Sicula" des Franziskaners Michele da Piazza flohen genuesische Kaufleute nach Westen und verbreiteten die Seuche bis Sizilien. Man munkelte von „menschenleeren" Städten wie Trapani oder Catania. Straßensperren oder Sequestrierungen von Erkrankten erwiesen sich als wenig effektiv; Verhaftungen, Verdächtigungen, Denunzierungen und die Flucht waren an der Tagesordnung! Auch der Feind war rasch ausgemacht: Besonders Fremde und Minderheiten wurden verdächtigt.

Von Sizilien gelangte die Pest in die Adria-Häfen bis nach Venedig, über Neapel und Pisa nach Genua und Marseille. Noch 1348 erreichte sie London, 1349 Süddeutschland bis Frankfurt sowie England, Dänemark und Norwegen. Norddeutschland wurde 1350 überrollt, Nordpolen, Litauen, Kurland und Rußland bis 1352. Rätselhaft blieb, warum wichtige Städte wie die damalige kaiserliche Residenzstadt

Prag, aber auch Nürnberg und Würzburg zunächst verschont blieben. Mailand verdankte dieses Privileg 1348 offensichtlich striktesten Grenzkontrollen.

Der Tod zeigt das wahre Gesicht

Der Schrecken des Pestalltags stellte für die menschliche Solidargemeinschaft eine Bewährungsprobe dar. Freundschaften und Familienbande erwiesen sich nicht weniger brüchig als die Tradition christlicher Nächstenliebe. „Das Verhältnis der Menschen untereinander verrohte so sehr, daß der Vater, lag sein Sohn an der Krankheit darnieder, sich weigerte, bei ihm zu bleiben. Hatte er aber den Mut, sich ihm zu nähern, wurde auch er von der Krankheit befallen“, schrieb Boccaccio kritisch und verständnisvoll zugleich. Wert und Würde des Individuums sanken; nach Boccaccio kümmerte man sich um Erkrankte nicht mehr als normalerweise um Ziegen.

Die Pest demaskierte zahlreiche soziale Probleme. Eine an Kriegszeiten erinnernde Brutalisierung des Alltags unterhöhlte das Vertrauen in die Obrigkeit. Durch Torkontrollen und Kontaktsperren suchte man Kriminalität und Seuchenausbreitung einzudämmen. Die Regierungen handelten nach utilitaristischen Prinzipien; der Pestkranke wurde fast rechtlos. „Wenn jemand“, berichtete Marchionne di Coppo, „der nicht so reich war, nachts starb, nahm ihn einer auf die Schulter und warf ihn in den Graben. Man nahm dann etwas Erde weg und warf die Leiche hinein.“ Das Läuten der Kirchenglocken wurde untersagt, „weil auch Kranke die Glocken hörten und wie die Gesunden darüber in Bestürzung gerieten“. Alle Läden und Lokale blieben geschlossen. Nur Apotheken und Kirchen waren geöffnet. Nicht wenige pflegten Kranke nur in der Absicht, sie auszubeuten.

Die Reaktionen auf die Pest waren freilich nicht einheitlich. „Manche suchten", schrieb Boccaccio, „durch eine maßvolle Lebensweise und dadurch, daß sie sich vor jeglichem Überfluß hüteten, ihre Widerstandskraft gegen die Seuche zu stärken. Sie schlossen sich in Häusern ein, wo kein Kranker war, und um besser überleben zu können, genossen sie mit Maß die köstlichsten Speisen und besten Weine, mieden aber jede Schwelgerei." Andere versicherten, „die sicherste Medizin sei, jeglicher Begierde, wo es nur möglich sei, zu genügen und über das, was kommen werde, zu lachen und zu spotten". Boccaccio tadelte nur diejenigen, welche „grausamen Sinnes" und „an nichts anders als sich selbst denkend", die Flucht ergriffen.

Sosehr die Pest als göttliche Strafe erscheinen mochte, ihre Grausamkeit ließ auch Zweifel an Gott aufkommen. „Weshalb hat sich nach deinem Urteil, so Gerechtester, die Wut deiner Rache ausgerechnet auf unsere Zeit gestürzt?" fragte Petrarca. Kritische Zeitgenossen begannen unter dem Eindruck des Schwarzen Todes mit dem Schicksal zu hadern, die Mentalität des „Ackermann von Böhmen", der um 1400 mit dem Tod ein Streitgespräch eröffnete, zeichnete sich ab. Für Petrarca hatte Gott unbegreiflich gehandelt. „Sicher nicht mangels Gerechtigkeit, doch muß uns dies ein Geheimnis bleiben."

Doch dürften religiöse Zweifel die Ausnahme gewesen sein. Im Gegenteil, die Hoffnung auf Gottes Erbarmen schien vielen den einzigen Rettungsanker darzustellen. Ein Symptom der Kollektivangst, aber auch der tiefreligiösen Grundhaltung der Epoche stellten die schon im dreizehnten Jahrhundert verbreiteten Geißlerzüge dar, die zur Pestzeit weite Teile Deutschlands und Frankreichs in ihren Bann zogen: Buß- und Läuterungsübungen wurden ritualisiert, alle Vorsichtsmaßnahmen auf Gebete, Prozessionen und Liturgie reduziert. In der Regel hielten sich die Flagellanten in pestfreien Orten auf, um Gott um Verschonung anzuflehen. Das fürchterlichste Begleitphänomen des Schwarzen Todes war die Verfolgung und Ermordung der Juden. Bis zum Holocaust Hitlers blieben die zwischen 1348 und 1350 durchgeführten Pogrome „die größte Mordaktion gegen die jüdische Bevölkerung in Europa“ (Zinn). Die Zahl der Opfer ist zwar unbekannt, doch bedeutete der Schwarze Tod das Ende vieler jüdischer Gemeinden. Das Motiv der Schuldentilgung spielte gegenüber jüdischen Gläubigern eine untergeordnete Rolle. Auch standen antijüdischen Traditionen innerhalb der Kirche imponierende Ausnahmen gegenüber.

Mit dem Schrecken im Rücken

Immerhin verbot Clemens VI. in einer Bulle vom 26. September 1348, Juden auszuplündern, gewaltsam zu bekehren oder ohne Gerichtsverfahren zu töten, und war damit die einzige Autorität von Rang, die sich öffentlich gegen Pogrome aussprach. Die antisemitische Stimmung war in Frankreich und dem weiten deutschen Sprachraum bereits vor der Pest angeheizt worden. In England wurden die jüdischen Gemeinden größtenteils zu Beginn des Jahrhunderts ausgelöscht. Kontrolle und Eskalierung der Pogrome hingen nicht zuletzt von der jeweiligen Herrschaft ab. Zu Verfolgungen kam es stets vor Ausbruch der Pest oder nach deren Abflauen. Aus Italien, wo alle bedeutenden Städte Judengemeinden aufwiesen, sind keine größeren Ausschreitungen bekannt.

Kaum war die Pestgefahr vorüber, begann man den Schock durch einen ausgeprägten Hedonismus zu kompensieren. In Siena (1348) und Wismar (1350) sah man sich gezwungen, Luxusgesetzgebungen zu verabschieden. Allerdings hatte die Pest auf Stadt und Land unterschiedliche

Auswirkungen. Jede Pestwelle trieb die Nahrungspreise in die Höhe. Sie förderte auch die Landflucht, da es im Interesse der städtischen Obrigkeiten lag, die Arbeitsplätze der Pestopfer wieder zu besetzen. Die zurückgebliebenen Bauern und Landpächter bebauten, um Arbeitskräfte zu sparen, nur den ertragreicheren Boden. Zwar nahm der Ertrag pro Arbeitskraft zu, aber auch die Erwerbslosigkeit unter den Landarbeitern, zumal die städtischen Zünfte die Zuwanderungen beschränkten. Die einzige Überlebenshoffnung vieler Lohnabhängiger bestand in ihrer autarken Nahrungsversorgung.

Es beeindruckt, wie die Geschichte der zweiten Jahrhunderthälfte, von der Gefahr neuer Pestwellen abgesehen, bald ihren „normalen" Gang ging. Während eine düstere Ikonographie des Triumphs des Todes, des Totentanzes, von Gerichts- und Höllendarstellungen die bildende Kunst für einige Zeit mit älteren Traditionen verband, erlebten Handel und Kultur in den italienischen Kommunen einen einzigartigen Aufschwung. Andererseits hatte während der Pest eine anhaltende Flucht aus der Stadt die kommunalen Infrastrukturen gefährdet. In Venedig fehlten nach Abflauen des Schwarzen Todes zum Beispiel Notare, Schreiber, Beamte und Ärzte. Angesichts der Notsituation warb man mit Privilegien um Einwanderer mit entsprechenden Berufen. Auch viele Geistliche waren gestorben oder geflohen. Vielerorts wurden priesterliche Amtsgewalten auf Laien übertragen. Unter den Weltgeistlichen starben in England besonders die niedrigen Kleriker, da sie ihre Präsenzpflicht auch während der Pest an die Gemeinden band. Nach deren Abflauen wurden Notordinationen die Regel, wobei die reduzierte Ausbildung nicht selten zu theologischer Inkompetenz führte.

Der „Schwarze Tod" von 1348 (der Begriff bürgerte sich erst im siebzehnten Jahrhundert ein) war eine Zeit des Umbruchs. Niemals, vom Kriegsalltag abgesehen, war der Tod

Bonamico Buffalmaco, Der Triumph des Todes, um 1340/45, Pisa, Camposanto, Südwand

in Europa alltäglicher als während der Pest zur Mitte des vierzehnten Jahrhunderts. Die Frage ist erlaubt, wie unsere Gesellschaft in einer entsprechenden Situation reagieren würden. Unwillkürlich denkt man an die „Wiederkehr der Infektionskrankheiten“, aber auch an den Umgang unserer Gesellschaft mit Aids und die zeittypische Verdrängung der letzten Dinge. „O glückliches Volk der Nachgeborenen“, schrieb Petrarca, „das dieses Elend nicht mehr gekannt haben wird.“ Ob er recht behält, wird die Zukunft erweisen.

Peter Moraw

Die Stunde der Stellvertreter

Hinter der Schranke wird aufgeschrieben: Beginn von Verwaltung und Staat in Europa

Vorgeschichte und Geschichte des Staates im christlichen Europa sind lang und krisenreich. Verwaltung und Eliten lassen erkennen, daß man etwa vom Jahr 1280 an ganz im Westen des Kontinents den Anfang von Staatlichkeit etabliert sehen kann. Zögernd verbreitete sie sich in Richtung auf die Mitte, dann in den Osten und den Norden. Aus dem Mittelmeerraum, aus Oberitalien, kam das Modell kommunaler bürgernaher Staatlichkeit.

Vor allem aber entstammte dem mittelalterlichen Süden die Idee vom Kaisertum in Gestalt der Nachfolge des ersten römischen Imperators, von Augustus. Das christlich gewordene Imperium war als letztes der vier im Alten Testament anscheinend benannten Weltreiche heilsgeschichtlich verankert. Rom durfte nicht untergehen, wenn nicht der Jüngste Tag hereinbrechen sollte. Auch war das Imperium der Spätantike der einzige wirkliche Staat, den das frühere Mittelalter gekannt hat. Nicht allerdings dieser Staat, der sich allein in Byzanz fortsetzte, sondern seine legitime Mitte, das Kaisertum, war im Jahr 800 durch Karl den Großen ins Frankenreich, primär nach Aachen, gelangt.

Aus dem Süden und Westen Europas verbreitete sich schließlich seit der Mitte des dreizehnten Jahrhunderts immer beherrschender das wiederentdeckte Staatsdenken des Aristoteles. Gemäß der von ihm erlebten griechischen Polis-Welt betonte er das Eigenrecht autarker politischer Einheiten, was man nun auf die Monarchien Europas anzuwenden lernte. Zumindest die führenden Monarchen, voran der französische König, billigten sich für das Innere ihres Herrschaftsbereichs kaiserliche Rechte zu. Auch der Kaiser nutzte in seinem Reich die Kaiserrechte innenpolitisch – weithin als Ersatz für die fehlende monarchische Verwaltung.

Man hätte diese angesichts der vielen Mitherrschenden in einem riesigen Raum ohnehin nicht durchsetzen können. Im Verkehr der Monarchen untereinander bildete sich nun eine abgestufte Gleichrangigkeit aus. Neben und gegenüber dem Kaiser entfaltete vor allem der König von Frankreich als Miterbe oder gar erster Erbe Karls des Großen seine „Ideologie" mit Erfolg. So verblieb dem Kaiser seit dem ersten staatsträchtigen Jahrhundert, dem dreizehnten, nur noch ein Ehrenvorrang.

Im christlichen Europa des Mittelalters war der Monarch oder der Fürst die Mitte von Herrschaft und Staat. Daß sich der Staat vom Monarchen und Fürsten ablöste, ist zumeist ein neuzeitlicher Vorgang. Im idealen Fall hätte der Herrscher überall in seinem Reich persönlich anwesend sein müssen. Anfangs hat er sich darum bemüht. Aber auch der reisende Herr mußte immer wieder vertreten werden. Aus dieser Vertretung entstand eine erste Gruppierung von Amtsträgern und später von Behörden. Eine andere Gruppe von Amtsträgern bewältigte spezialisierte oder dienende Aufgaben, die für einen hohen Herrn nicht angemessen schienen. Der deutsche und der österreichische Regierungschef führen den bis heute wohl ältesten kontinuierlich gebrauchten und damit besonders respektgebietenden höfisch-staatlichen Amtstitel, den des Kanzlers. Ministerpräsidenten sind demgegenüber jugendliche Emporkömmlinge. Das lateinische Wort „cancelli" bezeichnet eine Abschrankung im großen Festsaal des Herrschers. In diesem Saal wurde zechend und speisend der höhere Adel integriert. Das Umgehen mit den vornehmsten Mit-Machtträgern stellte für

Dr. utriusque juris Job Verner aus Schwäbisch Gmünd (um 1370 bis 1447), Protonotar König Ruprechts

jeden Regenten ein großes Problem dar, bis sie gezähmt, zu Vertretern des Herrn gemacht oder in die Bande verfassungsmäßiger Institutionalisierung geschlagen worden waren. Bevor nicht das alles geschah, meist erst nach dem Ende des Mittelalters, kann man kaum von Staaten im vollen Sinn sprechen.

Hinter jener Abschrankung jedoch saßen die Schreiber, die den Willen des Monarchen in Urkunden und andere Schriftstücke faßten und diese in sein Reich hinaussandten. Rechte schaffend oder Rechte tilgend, befehlend oder informierend, wurde dem Willen des Herrschers über den mündlichen Kontakt hinaus, der die Welt des Adels beherrschte, Dauer gegeben. Der Vorsteher der Schreiber, der meist schon an der Formulierung, wenn nicht am Entstehen der Urkunden den Hauptanteil nahm, war der Kanzler. Er und seine Leute sprachen im Gegensatz zur laikalen Adelswelt die lateinische Urkundensprache.

Folgen wir dem Weg eines „Vorgangs" in die kaiserliche Kanzlei hinein und wieder hinaus. Der Abgesandte der Reichsstadt, die ihre Privilegien bestätigt sehen wollte, wurde daheim mit guten Ratschlägen, mit den Namen der Freunde der Stadt am Hof und mit Gold- und Silbermünzen ausgestattet. Schon der Türhüter hielt die Hand auf. Rasch suchte der Bote den „Abteilungsleiter" auf, der ihm empfohlen worden war, einen von drei oder vier Protonotaren, die gleichzeitig amtierten. Sie unterstanden unmittelbar dem Kanzler, den unser Bote schwerlich zu sehen bekam. Vermutlich weilte der Kanzler in der Ratsstube oder war zum Papst unterwegs.

Brachte der Bote die Abschrift älterer Privilegien mit, so hatte es der Protonotar leicht, ein neues Konzept anzufertigen. Sehr selten nur sind die Konzepte erhalten. Nur ihre Korrekturen könnten verraten, ob Verhandlungen im einzelnen stattgefunden haben. Von den wichtigeren Fällen nahm dann doch der Kanzler oder der Hofmeister Kenntnis, seltener der König, denn es waren bereits sehr viele Urkunden. Nun wartete der Bote auf die Reinschrift durch einen Notar. Es mochten Tage oder auch Wochen verstreichen. Danach oder dazwischen konnte man das Konzept an den Registrator weiterreichen, der es, wieder gegen Gebühr, in einen Folianten eintrug, in das Gedächtnis der Kanzlei. Es ist schwer zu sagen, ob man einen Protonotar beneiden sollte. Oft hatte er in Italien die Rechte studiert, im nördlichen Winter heizte wenigstens der Kanzleiknecht die Stube, was sonst am Hof nicht allzu häufig war. Vor dem Verdienst kam der Nebenverdienst. Karrieren bis hinaus in Bischofsstühle waren nicht selten. Andererseits drängten Neffen, Landsleute und Studienfreunde an den Hof. Je erfolgreicher man war, um so enger wurde man in ein Netz von persönlichen Verpflichtungen nach unten und oben verstrickt.

Der Hof jedenfalls war das Zentrum von Staatlichkeit und Staat im mittelalterlichen christlichen Europa. Die deutschen Historiker, befangen in der preußischen, bayerischen oder sächsischen Behördengeschichte des achtzehnten Jahrhunderts, haben das lange nicht begriffen. Noch vor einer Generation war es geläufig, vom Reichskanzler und von der Reichskanzlei des Mittelalters zu sprechen, obgleich diese Wortwahl ganz unzutreffende Assoziationen wachruft. In der Tat war Bismarck der erste Reichskanzler als Staatskanzler, seine Vorgänger waren Kanzler eines Herrschers. Selbst Bismarck scheint sich noch so ähnlich wie diese verstanden zu haben. Nur im Einzelfall vermochte der Kaiserhof auf die Fülle von Problemen zu reagieren. Dann wurden am Hof Kommissionen aus fach- und rechtskundigen Personen gebildet und ausgesandt. Selbst wenn es viele Kommissionen gegeben haben mag, waren es im Vergleich zum Bedarf zu wenige. Für den großen Rest der Probleme führten regionale Systeme autarke Regelungen herbei. Oder es hat sich einfach das Recht des Stärkeren durchgesetzt.

Diese recht bescheidene Verwaltungspraxis hat nicht dazu geführt, daß die Instanz an der Spitze des Reiches schließlich überflüssig erschien. Im Gegenteil. Immer wieder kam es vor, daß hochadelige Diener des Kaisers sich für den Herrscher gleichsam geopfert haben. Schwerlich kann das ohne Verantwortungsbewußtsein und Zuneigung zugunsten des Großen und Ganzen vonstatten gegangen sein. Wie der Kaiser mit dem weiten Raum des Reiches umgegangen ist und was geschah, wenn er dieses Umgehen nicht so recht hat realisieren können, das blieben das ganze Mittelalter hindurch Kernfragen der Staatsgeschichte des Reiches. So überrascht es nicht, daß sich die anderen Formen staatlicher Existenz im Reich, die Fürstenterritorien und vorerst auch die großen autonomen Städte, aus eigenem Recht und nach eigenem Bedarf kraftvoll weiterentwickelten. Der von Anfang an dualistische Zustand der Reichsverfassung zwischen König/Kaiser einerseits und großer Aristokratie andererseits wurde schließlich am Ende des Mittelalters durch die Institutionalisierung dieses Dualismus in gleichsam zwei Stockwerken befestigt. Die Städte schieden bald aus diesem Wettbewerb aus und ebenfalls viele Kleinterritorien. Die großen Länder jedoch, zu klein im europäischen Maßstab, aber ansehnlich innerhalb des Reiches, blieben ernsthafte Teilnehmer am innerdeutschen Wettlauf um die Staatlichkeit. Nach dem Dreißigjährigen Krieg war er wohl zugunsten der Territorien entschieden.

Im kleineren Raum konnte intensiver verwaltet werden. Der Territorialstaat schuf sich bald die ihm angemessene Beamtenschaft, die sich als staatstragende Schicht erwies. Der Wettbewerb von Fürst zu Fürst schuf für sie immer neue Leistungsanreize. Aus der Ferne gesehen, haben sich dann Reich und Territorien faktisch zum vollen Staat ergänzt, zumal als eine umgreifende Friedensordnung, gipfelnd im Ewigen Landfrieden von 1495, geschaffen worden zu sein schien.

So wurde Deutschland, was es heute noch ist: „zweistöckig" in Staatlichkeit und Verwaltung. Auf die Frage, ob Bund und Länder von heute nebeneinander Staaten seien oder nur der Bund oder gar nur die Länder, scheint es keine klare Antwort zu geben. Niemanden wird das wundern, der die deutsche Staatsgeschichte kennt.

Gerhard Dohrn-van Rossum

Man wird nie ans Ende kommen

Geisteskraft oder Höllenwerk: Von der Erfindung der Brille und anderen Nützlichkeiten

Zu Beginn des vierzehnten Jahrhunderts kündigt sich eine Epoche der Innovationen an, und der technische Fortschritt als ein kontinuierlicher Prozeß wird den Zeitgenossen allmählich bewußt. Nach einer Hörermitschrift kündet der Dominikanermönch Giordano da Pisa in der Fastenpredigt am 23. Februar 1305 in der Kirche Santa Maria Novella in Florenz von erstaunlichen Neuigkeiten und neuen Fertigkeiten. „Dort oben jenseits des Gebirges, in Paris“, sei die Kunst, Gemmen und Kameen zu schneiden, perfektioniert worden, aber noch mehr sei zu erwarten. „Das Finden neuer Künste wird nie zu einem Ende kommen. Jeden Tag könnte eine neue gefunden werden. Und es gibt auf der Welt noch viele Künste, und immer neue werden gefunden.“ Es sei noch nicht zwanzig Jahre her, daß man die neue, vorher unbekannte Kunst („arte novella“), Brillen zu machen, gefunden habe, und er selbst, der Bruder Giordano, habe den Erfinder gesehen und gesprochen.

Giordano da Pisa stammte aus dem Katharinenkloster in Pisa, und die Chronik dieses Konvents berichtet von einem in mechanischen Dingen äußerst geschickten Bruder, der, nachdem der Erfinder der Augengläser das Verfahren nicht preisgeben wollte, die nützliche Vorrichtung einfach nachgebaut habe. Weder in der Antike noch in anderen Kulturkreisen war Vergleichbares bekannt. Am Ende des dreizehnten Jahrhunderts wird über Lesesteine aus Glas oder dem Edelstein Beryll – daher der Name „Brille“ –, die man über die

Zeilen schieben konnte, berichtet. Die ersten Nachrichten über die neuartigen Brillen finden sich dann um 1300 in den Statuten der in der Glasverarbeitung führenden Kristallmachergilde in Venedig, wo zunächst von kleinen runden Scheiben für die Augen und dann von Augengläsern zum Lesen die Rede ist. Einen Erfinder der Brille – die das Arbeitsleben der Gelehrten folgenreich verlängerte – kennen wir heute zwar nicht, aber im Verlauf des vierzehnten Jahrhunderts häufen sich Nachrichten über Erfindungen, Innovationen und über Erfinder, die Ruhm und Lohn beanspruchen.

Es geht alles wie von selbst

Weitere deutliche Hinweise auf das neue Verständnis von Innovationen sind verschiedene Berichte, in denen diese nicht als glückliche und zufällige Einfälle und Ereignisse, sondern als Ergebnisse langwieriger, risikobehafteter und zukunftsorientierter Bemühungen gesehen werden. In der zweiten Hälfte des dreizehnten Jahrhunderts berichtet der Militäringenieur Peter von Maricourt über bisher noch nicht erfolgreiche Arbeiten an einem magnetgetriebenen Himmelsmodell, „bei dessen Erfindung ich viele herumsuchen und in vielfältigem Bemühen ermüden sah“. Der Astronomielehrer an der Pariser Universität, Robertus Anglicus, berichtet etwa gleichzeitig von Bemühungen der Uhrmacher – hier fällt die Berufsbezeichnung zum ersten Mal –, eine gewichtsgetriebene Welle zum Antrieb eines astronomischen Modells zu konstruieren, die sich an einem Tag exakt einmal drehe. Nicht viel später sind tatsächlich mechanische Uhrwerkhemmungen mit Waagbalkenhemmungen und Gewichten entwickelt worden.

Diese grundlegende Neuerung fand damals zunächst keine Aufmerksamkeit. Man konnte damit Klosterwecker oder die

Antriebsmechanismen von Musikautomaten, Figurenspielwerken oder einfachen astronomischen Modellen regulieren.

Erst als es in Italien im ersten Drittel des Jahrhunderts gelungen war, die Hemmung mit einem automatischen Stundenschlagwerk zu verbinden, war die technische Sensation perfekt. Ein Mailänder Chronist berichtet, daß diese neuartige, wunderbare Uhrglocke auf dem Turm von San Gottardo – neben dem späteren Dom – die vierundzwanzig Stunden des Tages und der Nacht nach der Zählzahl schlüge, und zwar in der ersten Stunde mit einem Ton, in der zweiten Stunde mit zwei Schlägen und so fort. Das sei für alle Stände der städtischen Gesellschaft von großem Nutzen. Zahlreiche städtische Chroniken heben immer wieder auf den automatischen Schlag der vierundzwanzig gleich langen Stunden ab. Ihre Dauer schwankte nicht mehr mit der Jahreszeit, und wegen ihres offenkundigen Nutzens für die zeitorganisatorischen Probleme der Städte verbreiteten sie sich sehr rasch in ganz Europa zwischen Santiago de Compostela und Moskau.

Gleichzeitig findet die ebenfalls gleich lange Fristen bemessende Sanduhr – ein kunstvolles Glasgerät – weite Verbreitung. Als ein früher Automat, der die Arbeit der Glöckner „von selber", scheinbar ohne alles menschliche Zutun, verrichtete, erregte die Schlaguhr, „die sich selber schlug", überall Aufsehen. Mühsam aufzuziehende Gewichte, wartungsintensive Räderwerke und häufige Regulierungsarbeiten konnten diesen Eindruck nicht schmälern. Unser Chronist Galvano Fiamma, wiederum ein Dominikaner, berichtet auch von leistungsfähigen Mahlwerken mit Rädern und Gewichten nach Art der Uhren. Mit ihrer Hilfe könne ein Knabe leicht hintereinander vier Scheffel Getreide zu Mehl bester Qualität vermahlen.

Etwas später erfahren wir nicht nur von Innovationen, sondern auch etwas von den Erfindern. Sie fordern und

Ein Evangelist mit Brille im Bibelinitial „D", um 1380

erhalten für ihre Geistesgaben nicht nur das ehrende Angedenken der Nachwelt, sondern neuerdings für sich und ihre Erben auch materielle Entlohnung oder Anteile am Profit ihrer Verbesserungen. Verbesserungen und Neuerungen erhalten seit Beginn des vierzehnten Jahrhunderts in vielen Bereichen eine eigene Würde. Das um 1300 kodifizierte Bergrecht der mährischen Stadt Iglau, einer der bedeutendsten mittelalterlichen Abbaustätten von Silber, schreibt über die Künste und Erfindungen der Alten, Wasser aus den Gruben abzuführen, voller Respekt, sagt dann aber deutlich, daß die, die jetzt an technischen Verbesserungen arbeiteten, mehr zu loben seien als die „ersten Erfinder".

„Erfindung" und „Erfinder" (inventio/inventor) sind seit etwa 1300 eindeutig positiv besetzte Begriffe. Im Jahre 1315 bestätigte Johann von Luxemburg, König von Böhmen, einen Vertrag mit den Gewerken der Altenberger Erzgruben in Mähren, in dem Heinrich Rotärmel ein Entgelt zugesichert wurde für eine Wasserkunst, die er „durch Anstrengung seines Geistes" zur Entwässerung der Gruben entwickelt habe. Die Wasserkunst sollte zwei Stollen entwässern, die bisherige manuelle Schöpfarbeit der Schnurzieher und Haspler entbehrlich machen und außerdem sechs Wasserräder über das ganze Jahr in Betrieb halten. Rotärmel und seine Erben sollten einen Anteil an den Erzeinnahmen erhalten, solange die neue Vorrichtung funktionierte. Not hat hier nicht nur erfinderisch gemacht, sondern den Erfindern auch eine neue soziale Rolle beschert. Hintergrund war eine allgemeine Krise des Bergbaus durch den Abbau flachliegender Erzgänge und durch den Mangel an standortnahem Bauholz und Holzkohle. An der Wende zum vierzehnten Jahrhundert versuchte man im Nürnberger und Oberpfälzer Raum Nutzungsbeschränkungen für die Wälder durchzusetzen. Aber das reichte nicht aus.

Die Nürnberger sahen sich bald genötigt, nach und nach alle holzfressenden Gewerbe innerhalb ihrer Bannmeile und in ihren Wäldern stillzulegen. Um die Jahrhundertmitte wurde ganz generell der Betrieb von Kohlenmeilern, Glashütten und Hammerwerken im Bereich der Nürnberger Reichswälder verboten. Der Bamberger Bischof registrierte für sein im Oberpfälzer Metallrevier gelegenes Amt Vilseck: „In diesem Wald gibt es viele Schmiedehämmer, aber die sind verfallen, weil die Köhler den ganzen Wald verbraucht haben." Seitdem experimentierte man in Nürnberg mit der Aufforstung durch die Aussaat von Nadelholz. Beim Versuch, die Stollen tiefer vorzutreiben, waren die europäischen Bergwerke buchstäblich „ertrunken". Im steiermärkischen Oberzeiring sollen 1361 bei einem Wassereinbruch 1400 Bergleute umgekommen sein. Die akute „Wassersnot" förderte die Bereitschaft, jeden neuen Einfall im Bereich der Wasserkünste wenigstens auszuprobieren und im Erfolgsfall auch zu honorieren. Die Spruchweisheit, daß Not erfinderisch macht, läßt sich auch andernorts verfolgen. Venedig, die Stadtrepublik ohne Mauern, näherte sich im vierzehnten Jahrhundert dem Höhepunkt seiner politischen und wirtschaftlichen Macht. Die urbanistische Entwicklung erzeugte aber auch ein waches Bewußtsein für die prekäre ökologische Lage in der Lagune und die schwierig zu sichernde Versorgung durch das Festland. Riesige Mengen von Lebensmitteln, Bau- und Brennholz, auch Süßwasser mußten täglich in die Stadt geschafft werden. Das Meer schützte nicht nur; Ebbe und Flut mußten beherrscht, aber auch für die Entsorgung genutzt werden.

Es überrascht daher nicht, daß sich in den venezianischen Archiven besonders viele Zeugnisse für den Wandel des Innovationsklimas befinden. Ein Meister Johannes aus Deutschland mit der interessanten Berufsbezeichnung „Mühleningenieur" erhielt im Jahre 1323 vom Großen Rat den Auftrag zum probeweisen Bau von zunächst einer besonders kunstvollen Mühle. Die Stadt übernahm die Baukosten und wollte später nach Einholung sachverständiger Gutachten über die Nützlichkeit des neuen Geräts und über die Belohnung entscheiden. Die Vorfinanzierung technischer Innovationen wurde damals zu einem gewöhnlichen Verfahren der Risikoverteilung. Öffentliche Auftraggeber ermöglichten den Bau von Versuchsmodellen und ließen Wirksamkeit und Kostenersparnis dann von Sachverständigen prüfen.

Die öffentliche Hand tritt in Vorlage

Kurz darauf wurde ein Leonardo Albizio für eine von ihm erfundene Drainage- und Baggervorrichtung entschädigt, die pro Jahr 180 Golddukaten an Arbeitslohn und Material ersparen sollte. In der Folgezeit wurden in Venedig zahlreiche wasserbautechnische Privilegien erteilt, sorgfältig registriert, die Vorteile neuer Lösungen gegenüber alten Gewohnheiten stets erörtert. In der Nachbarstadt Padua ließ sich der auch als Uhrenkonstrukteur tätige Professor für Medizin Jacobo Dondi eine Konzession für die Gewinnung und den freien Verkauf von Salz aus Thermalquellen bestätigen. Ein besonderes Feld großer technischer Herausforderungen waren die mittelalterlichen Großbaustellen, vor allem die der großen Kathedralen. In Florenz schlägt im Jahre 1358 ein Werkmeister ein neuartiges Hebegerät vor, das ebensoviel heben könne wie die bisherigen Konstruktionen, aber sieben Hilfskräfte weniger benötige. Auch hier wird der Versuch gewagt, Kostenersatz und Honorar aber erst dann bewilligt, wenn die Funktionstüchtigkeit des Geräts auch gesichert wäre. Kurz darauf wird der Konstrukteur einer von Pferden bewegten Vorrichtung zur Entwässerung der Baugrube belohnt. In die öffentliche Bewunderung der Erfinder mischte sich Respekt, Neid und gelegentlich auch schlichte Häme. Der Verdacht, daß da etwas mit dem Teufel zugehe, daß Technik doch etwas mit Magie zu tun habe, daß dabei die Schöpfungsordnung in unziemlicher und sicher nicht strafloser Weise herausgefordert würde, bleibt an den Erfinderpersönlichkeiten hängen und nimmt häufig eine spezielle Form der Künstlerlegende an.

Nachdem der venezianische Schiffsingenieur Francesco delle Barche bei der Belagerung der Stadt Zadar (Jadra) in Dalmatien Wurfmaschinen für besonders schwere Steine gebaut hatte, soll er sich in seinen Vorrichtungen verfangen haben und selbst in die Stadt geschleudert worden sein. Bis heute wird weitererzählt, daß der Erbauer der ersten astronomischen Uhr des Straßburger Münsters, Johann Boernave, sein Handwerk unter dem Namen Ben al-Benzar bei den Arabern erlernt habe. Zusätzlich wird kolportiert, daß der Rat der Stadt den Meister habe blenden lassen, um zu verhindern, daß in anderen Städten ähnliche oder bessere Konstruktionen errichtet würden. Alle diese sogenannten Wanderlegenden sind Variationen uralter Erzählmuster, nach denen die Bewältigung technischer Herausforderungen als Versuchung der göttlichen Schöpfungswerke angemessene Strafen nach sich zieht. Wenn nach den Gründen der technischen und militärischen Überlegenheit Europas gefragt wird, enthalten die Antworten traditionell listenartige Aufzählungen zentraler Innovationen wie Windmühle, Kompaß, Schlaguhr, Buchdruck und Pulverwaffen. Für die Erfindung des Schießpulvers halten auch heute noch renommierte Nachschlagewerke einen Erfinder bereit: den Konstanzer oder Freiburger Mönch Berthold Schwarz.

Ob es diesen Schwarzkünstler überhaupt gegeben hat, ist nicht sicher. Das Schießpulver hat er gewiß nicht erfunden, aber in dieser Figur hatten die protestantischen Humanisten einen willkommenen Bösewicht und die national gesinnten Historiker späterer Zeiten einen deutschen Helden der Technikgeschichte. Das Schießpulver stammt gar nicht aus Europa; wohl aber sind hier im vierzehnten Jahrhundert wirksame Artillerie und Handfeuerwaffen entwickelt worden. Das Pulver war als Treibmittel für Feuerwerk und Feuerwerksraketen in China längst bekannt, die Rezeptur ist auf unbekannten Wegen nach Europa gelangt. Hier wurde es als Brandsatzladung, in fauchenden Feuerlanzen – wie umgedrehte Silvesterraketen – und mit einer Ladung in sogenannten Pfeilbüchsen auf kürzeste Distanz eingesetzt. Nach einem Konstanzer Bericht vom Jahre 1334 sind Menschen beiderlei Geschlechts schon vom Krach ohnmächtig und wie halb tot zu Boden gefallen.

Um die Mitte des Jahrhunderts setzt ein stürmischer Innovationsschub ein, der Bleibüchsen, Hinterlader und große Mörser bringt. Erst allmählich konnten Mauern gebrochen und die früher geringen Distanzen überwunden werden. Am Ende des vierzehnten Jahrhunderts beginnt das Zeitalter der Riesengeschütze, der Schiffskanonen und der wirksamen Handfeuerwaffen. Die Zeit des Rittertums war zu Ende. Europa hatte um 1400 technisch und militärisch die antiken Kulturen, die es beerbte, und die fernen Kulturen, von denen es gelernt hatte, hinter sich gelassen.

Albrecht Kunkel

Formelbuch

Non sunt multiplicanda entia praeter necessitatem

In schlichter Übertragung, daß mehr als erforderlich unnütz sei, wäre dieser lateinische Satz bloß eine Regel alltäglicher Zweckmäßigkeit. Tatsächlich steckt hinter der Forderung, Entitäten sollten nicht unnötig vervielfacht werden, weit mehr: Sie ist der Wortlaut des in der positivistischen Philosophie hochgeschätzten Ökonomieprinzips; vor allem ist sie einer der Keile, die Glauben und Wissen auseinandertrieben. Formuliert hatte die Sentenz der französische Dominikaner Durand de Saint-Pourçain (um 1270 bis 1334). Doch als Maxime wandte der englische Franziskaner Wilhelm von Ockham (um 1290 bis 1349) sie alsbald so oft und so scharf an, daß sie besonders bei angloamerikanischen Wissenschaftlern bis heute unter dem Namen „Occam's Razor" als mustergültiges geistiges Rasiermesser populär ist.

In Logik geschult, wurde Wilhelm der radikalste Erneuerer und Vertreter des Nominalismus. Dieser Auffassung zufolge existieren allgemeine Begriffe lediglich in unserem Kopf – wirklich sind allein die einzelnen Dinge, und nur diese können Gegenstand der Erfahrung sein. Vereinfacht gesagt, gibt es demnach keine Quantität als selbständig Seiendes; und so etwas wie Vielheit neben den vielen Dingen zu postulieren widerspräche eben dem Prinzip, nicht mehr anzunehmen, als zur Erklärung genügt. Diesen Denkansatz verwarf die Kirche allerdings, denn die scholastische Methode war, alles Wissenswerte statt aus unmittelbarer Naturbeobachtung aus den Werken anerkannter Autoritäten herzuleiten; das setzte jedoch voraus, in den allgemeinen Glaubens- und Lehrsätzen sei alles einzelne schon enthalten.

Wilhelm trennte die Sphären der Religion und der Ratio radikal. Er hielt dafür, von Gott könne der Mensch keine natürliche Erfahrung haben, und auch Dogmen wie die über die Dreifaltigkeit seien der Vernunft gar nicht zugänglich, mithin als solche hinzunehmen. Wilhelm war schon in jungen Jahren im Disputieren so gewandt, daß man ihn „doctor invincibilis", den unbesiegbaren Gelehrten, nannte. Aber Johannes XXII. zitierte ihn der unorthodoxen Lehre wegen 1324 zum Papstsitz Avignon. Dort trat Wilhelm freilich für die Trennung von Kirche und Welt auch in der Praxis ein: für die Beschränkung von Kurie und Klerus auf geistliche Aufgaben sowie für das strikte Armutsgelübde der Franziskaner und gegen das formale Eigentumsrecht des Papstes am Ordensbesitz. Der Konflikt spitzte sich so zu, daß Wilhelm 1328 mit anderen Unbotmäßigen fliehen mußte. Schutz bot den Exkommunizierten der bereits 1324 mit dem Bann belegte Kaiser Ludwig der Bayer. In München, wo Wilhelm von Ockham seinerseits dem Papst Häresie attestierte, ist er – wahrscheinlich an der Pest – gestorben.

Frankfurter Anthologie

Redaktion: Marcel Reich-Ranicki

HEINRICH HETZBOLT VON WISSENSE

Wol mich der stunde

Wol mich der stunde, von rôtem munde mir
lieb geschach.
den sach ich machen in zartez lachen, des ich
dô jach.
ir mündel vreche daz gestellet sich,
alz viunviu spreche, gar durchsiuverlich.

Ach swer daz kuste, zwâr den geluste vröude
âne nôt.
sin lachen lôse, ez enwart nie rôse mê halb
sô rôt.
kel unde hende wizer danne ein snê.
liep trût ân ende, wes truost dû mir wê?

Wilt dû mich twinge durch daz ich singe dir
offenbar?
troeste mich eine, sît ich dich meine mit
triuwen gar.
min zuckerkrûtken, tuo mir helfe schîn:
trût herzen trûtken, jâ bin ich ie dîn.

Peter von Matt

Das Glück des Ungeküßten

Über: *Heinrich Hetzbold von Wissense, Wol mich der stunde*

Keine große Zeit für Lyrik, das vierzehnte Jahrhundert. Das Genie der Epoche wirkt in den verwegenen Spekulationen Meister Eckharts, in Seuses Verzückung, in einer mystischen Theologie, die These und Gefühl zugleich ist, ein herzheißes Denken. Walther von der Vogelweide und Heinrich von Morungen, der Goethe und der Hölderlin des Mittelalters, haben hundert Jahre früher geschrieben. Wolkenstein, die späte Eruption lyrischer Gewalt, gehört bereits ins kommende Jahrhundert. Dennoch gibt es Lieder. Sie schaffen zwar keine Durchbrüche, erfinden nicht neue Töne, in welche andere einstimmen könnten. Aber das Vertraute wird fröhlich variiert.

Hetzbold, den man dem Namen nach eher in Auerbachs Keller als unter den süßen Sängern vermuten würde, schreibt ein Liebeslied, wie es viele gibt, und doch gelingt ihm dabei, am Ende der ersten Strophe, ein einzigartiger Moment. Soviel auch an dem Gedicht sonst an die Vorgänger erinnert, für die dritte und vierte Zeile ist kein Muster bekannt. Wenn man eine Literaturgeschichte des weiblichen Mundes schreiben wollte, des Mundes der geliebten Frau – was kein absurdes Unterfangen wäre –, Hetzbold von Weißensee hätte darin seinen gesicherten Platz.

Seit dem Hohenlied Salomonis, mit dem alle Liebeslyrik beginnt und über das sie nie hinauskommt, gehört die Anrede des roten Mundes zur begeisterten Beschwörung der Frau. „Deine Lippen sind wie eine scharlachfarbene

Schnur", heißt es bei Salomo. Vom freudenreichen roten kleinen Mund singt Morungen: „ir vil fröiden rîchez rotez mündelin", und bei Walther rühmt sich die Frau selbst ihres von tausend Küssen brennenden Mundes: „kuster mich? wol tûsentstunt: / tandaradei, / seht wie rôt ist mir der munt."

Hetzbold jubelt auch, aber er hat noch nicht geküßt. Der Anblick des Mundes allein hat ihn zu glücklicher Stunde beseligt. Zärtlich gelacht hat das kecke Mündchen, und dann hat es sich gestellt, als ob es sehr säuberlich das Wort „fünfe" aussprechen würde. Wenn ein schöner Mund langsam „fünfe" sagt, einem bewegten Mann gegenüber, dann ist das auch im Neuhochdeutschen ein recht sinnliches Ereignis. Wenn der Mund es aber auf mittelhochdeutsch sagt, „viunviu", mit einem zweimaligen ü also, und wenn er das zweite ü dann noch ein bißchen anhalten läßt, dann, ja, dann kann der bewegte Mann schon dazu kommen, selbst im vierzehnten Jahrhundert ein Gedicht zu schreiben.

Und da überrascht es auch nicht, daß das Gedicht einen so bezaubernden, tänzerischen Rhythmus gewinnt. In seinen kurzen, vier- bis fünfsilbigen Teilversen glaubt man die liebliche Kadenz von Walthers „tandaradei" zu vernehmen. Man kann die Strophen nur auf diese Musikalität hin lesen, ohne sich groß um den Inhalt zu kümmern. Dieser erschließt sich dann wie von selbst, und wenn man falsch liest, macht es auch nichts. Denn was in der zweiten und dritten Strophe gesagt wird, ist gesagt worden, seit verliebte Leute Gedichte schreiben, und wird gesagt werden, solange diese merkwürdige Tätigkeit stattfindet, also bis zum Jüngsten Tag.

Ach, wer diesen Mund küßte, der hätte Freude ohne Leid... und wie ist sein Lachen lieblich... und nie war eine Rose auch nur halb so rot... und weißer als Schnee sind Hals und Hände... und warum tust du mir so weh, du liebes vertrautes Wesen?... willst du mich denn niederzwingen, nur weil ich singe, öffentlich, von dir? ... besser, du tröstest mich, den Einsamen, den Treuen ...

So geht das voran, ist herzlich unoriginell, aber herzlich trotzdem. Zum Schluß bettelt der Mann um Hilfe und versichert, daß er immer ihr gehöre. Er verbindet das Bekenntnis mit Kosewörtern, die im Neuhochdeutschen seltsam klingen. „Zuckerkräutchen" besagte jedoch, als der Zucker kostbar war, einiges mehr als in den Zeiten der künstlichen Süßstoffe, und „trautes Herzenstrautchen" tönt erst so schrecklich, seit das Wort „traut" im Deutschen abgestorben ist, seit der Geliebte nicht mehr „trûtgeselle" heißt und die Freundin im Bett nicht mehr „trûtgebette" und die Zärtlichkeit nicht mehr „trûtgebâren". Aber man spreche es nur ein paarmal aus, das Liebesgeflüster unserer Vorfahren, „mîn zuckerkrûtken ... trût herzen trûtken ...", schon beginnen die Laute wieder zu leben.

„*Deutsche Lyrik des Mittelalters*". Auswahl und Übertragung von Max Wehrli. Manesse Verlag, 7. Aufl. Zürich 1988. 624 S.

Hans-Herbert Räkel

Fremd im Hermelin

Der rätselhafte Süßkind von Trimberg

Wenn seine zwölf mittelhochdeutschen Gedichte irgendeinem Reinmar oder Ulrich zugeschrieben wären, brauchte man nicht länger darüber zu reden. Aber sie stehen seit Jahrhunderten unter dem Namen „Süßkind der Jude von Trimberg“ samt einem ganzseitigen Bild, das ihn mit dem spitzen Judenhut vor einem Bischof zeigt, in der Großen Heidelberger Liederhandschrift, wo er eben nicht als Spruchdichter, um so mehr als Jude aus dem Rahmen fällt. Er ist, wenn es ihn gegeben hat, der erste jüdische Autor der deutschen Literaturgeschichte.

Das Bild zeigt ihn, lebhaft gestikulierend, in einem blauen Mantel, der dem violetten des Bischofs in nichts nachsteht, die Schultern mit einem weißen Hermelinkragen bedeckt. Mit einigen anderen Dichtern gehört er zu den Nachgetragenen der monumentalen Handschrift, eine „Figur“, für deren jüdische Identität der Maler dieses Bildes und der Schreiber, der im frühen vierzehnten Jahrhundert seinen Namen schrieb, die einzigen Gewährsleute sind.

Der 1911 geborene Slawist Dietrich Gerhardt hat im Geiste der Auflehnung gegen „die Geringschätzung“, „mit der (sein Lehrer Georg Baesecke) den ‚jüdischen Minnesänger‘ behandelte“, ein Buch geschrieben: „Berichtigungen zu einer Erinnerung“. Es ist Literaturgeschichte, die sich über Raum und Zeit hinaus auf die Erinnerung ihrer selbst einläßt.

Die Germanistik hat eine Diskussion darüber geführt, ob Süßkind ein alter oder ein junger, ein treuer oder ein zum

Christentum konvertierter Jude war, ein alter oder ein junger Christ, der sich wirklich oder metaphorisch mit dem Gedanken einer Bekehrung zum Judentum getragen hätte. Gustav Roethe, der nach Auskunft des Brockhaus „wegen seiner völkischen Gesinnung ungewollt zu einem Wegbereiter der nationalsozialistischen Wissenschaftsauffassung" wurde, griff in diesem Wirrsal von Hypothesen zu jener eleganten Lösung, die nur Gelehrten ab einer gewissen Größe offensteht: Aus der Tatsache, daß der Dichter „wie ein alter Jude" leben will, wie es in einem Gedicht Süßkinds heißt, und also kein Jude ist, schließt er, daß diese Strophe dem Süßkind von Trimberg abzusprechen sei, da der ja ein Jude ist! Dieser seit 1902 in Berlin lehrende Gründungsvater der Germanistik fand unter dem Judenhut des Bildes der Manessischen Handschrift auch „eine ausgeprägte jüdische Physiognomie". Wie leicht fällt es unsereinem heute, so etwas sarkastisch bloßzustellen.

Es zählt zu den schmerzhaftesten Berichtigungen, die Dietrich Gerhardt mitzuteilen hat, daß jenes „Roethesche Timbre" zur Atmosphäre des Zeitalters gehört haben muß, daß auch Georg Baeseckes Geringschätzung des „jüdischen Minnesängers" zwar „sozusagen der erste Schmerz" gewesen sei, den er seinem unterwürfigen Studenten tat, daß dieser selbstverständliche Judenhaß aber offensichtlich nicht jene Empörung produzierte, die uns beim bloßen Bericht über dergleichen Bemerkungen erfaßt, ja daß gerade jüdische Kollegen wie Meier Spanier (1864 bis 1942, er beging mit seiner Frau Selbstmord vor der Deportation in ein Vernichtungslager) dem Gelehrten Roethe mit Noblesse begegnet sind und seine wissenschaftliche Kompetenz anerkannt haben: „Es war das Tragische an diesem deutschen Gelehrten, daß er im Grunde wohl nicht anders dachte als Roethe, ja, er konnte sämtliche Empfindungen des Nationalstolzes mit jenem teilen, denn er fühlte sich als

Der Dichter Süßkind im Codex Manesse, um 1300/1340

Teil einer Kultur, die doch, insgeheim oder öffentlich, nur das Wort vom ‚Assimilationsjuden' für ihn übrig hatte, das gleiche Wort, mit dem die ‚Nationaljuden' ihn ihrerseits abtaten."

Anhänge, Beigaben und Addenda sowie eine Fundgrube von Bibliographie – der Beistand Christoph Gerhardts wird dankend erwähnt – bewahren vor allem viele entlegenere Dokumente vor dem Vergessen, unter anderem einen Auszug aus der Geschichte der Israelitischen Gemeinde in Schlüchtern und die ausgezeichnete, auf hebräisch 1942/43 veröffentlichte Studie von Raphael Fritz Aronstein sowie einige Briefe, unter anderem von Gerhard Scholem, an den Vater Ulrich Gerhardt. Dadurch wird dieses Buch, dessen Autor Gründungsmitglied des Instituts für die Geschichte der deutschen Juden in Hamburg ist, auch zu einem Vermächtnis und einem über die Generationen hinweggreifenden Zeugnis für die Bemühung um jüdisches Leben in Deutschland.

Sieht man von dem überlieferten Namen „Süßkind" ab, der tatsächlich von Juden im zwölften, dreizehnten und vierzehnten Jahrhundert getragen worden ist, spricht nichts wirklich dafür, daß der Dichter Süßkind ein Jude war. „Es war wohl doch eine Fiktion", lautet die Schlußfolgerung dieser Revision, mit der sich der Autor zögernd von einem gläubigen Paulus in einen zweifelnden Saulus verwandelt. Süßkind von Trimberg ist ja auch nicht der einzige Dichter, dessen Figur von einem Wust tendenziösen biographischen Pseudowissens entschlackt werden mußte. Der Endeckungshunger brachte in diesem Falle den jüdischen Germanisten Richard Moritz Meyer auf den Spuren des ebenfalls jüdischen Schriftstellers und hochverdienten Büchner-Herausgebers Karl Emil Franzos dazu, in Trimberg einen alten Schuster namens Zoll ausfindig zu machen, der sich an die Geschichte des dichtenden Juden noch dunkel erinnerte. Als der Urheber dieser in der „Zeitschrift für deutsches Altertum“ von 1894 bekanntgemachten „Erbsage“ sich zwei Jahre später davon distanzierte, hatte das Gerücht seinen Weg gemacht.

Daß antisemitische Germanisten auch an diesem Juden nur Entartung entdeckten, wird niemanden wundern, auch nicht die scheintolerante Hochschätzung, mit der andere seinen Anschluß an die heimische Kultur betrieben. Was uns heute am meisten bestürzt, ist jene rührende Mühe, mit der jüdische Gelehrte ihn als Beispiel für eine von ihnen selber mit soviel Engagement betriebene Kultursymbiose zwischen Juden und Deutschen reklamierten. Der kritische Raphael Straus hat dazu 1947 erkannt, daß der jüdische Minnesänger Ergebnis eines „ästhetischen Bedürfnisses“ seiner Biographen sei. Fügen wir hinzu, daß er bis heute wohl auch das Ergebnis eines moralischen Bedürfnisses ist, das vielleicht mitspielt, wenn Germanisten wie zum Beispiel der von Dietrich Gerhardt hier mehrfach angerempelte Peter Wapnewski dem Spruchdichter mit dem Judenhut doch eine historische Realität zumuten möchten.

Bei einer Reihe von Autoren, die Gerhardt „die Dichter“ nennt, sind derartige Bedürfnisse überdeutlich, ja sie sind der Grund dafür, daß er so viele Wohltäter gefunden hat, ihn aus dem Schatten der Geschichte ins Licht der Fiktion zu stellen: Livius Fürst 1865, Josef Kastein 1934 („Süßkind von Trimberg, oder die Tragödie der Heimatlosigkeit“), Max Geilinger 1939, Ruth Wolf 1971, Friedrich Torberg 1972 und schließlich Carl Heinz Kurz 1982 („Der Sänger mit dem hohen Hut – Memoiren eines alten Toren“), dessen Anbiederung bei Gerhardt Abwehr erzeugt.

Der offen antisemitische Gustav Roethe war zu dem Schluß gekommen: „Wüßten wir's nicht, würden wir den Juden aus seinen Sprüchen nicht herauswittern.“ Heute stellt die scheinbar so sachliche Frage „Jude oder nicht?“ den Frager samt dem Dichter, und diesen trotz der Gnade seiner frühen Geburt, in den Schlagschatten der Nürnberger Gesetze. Nicht die Antwort (wenn sie gegeben werden könnte), sondern die Frage erweist sich als pervers, indem sie offensichtlich nichts mehr über ihren Gegenstand, sondern nur etwas über den Frager herausbringt. So sind diese „Berichtigungen zu einer Erinnerung“ für eine neue Generation von Forschern vor allem eine Erinnerung daran, daß der Literaturhistoriker selber die erste und problematischste Tatsache der Literaturgeschichte ist.

Das konnten den Autor weder Gustav Roethe noch Georg Baesecke lehren – er hat es erfahren müssen: „Die eine ... Handschrift hat uns die wenigen Texte und den Namen als schlecht zu vereinbarende Fakten hingeworfen, daß dieser Tatbestand aber so oft und gierig aufgegriffen wurde, ist wohl wirklich vor allem deswegen geschehen, weil die tragische Figur des resignierenden edlen Sängers, weil der Zwiespalt, den sie verkörpert, so schön auszumalen ist, weil sich mit ihrer Stimme viel sagen läßt, Ehrliches und Unehrliches, Echtes und Unechtes, Antisemitisches und Unchristliches, weil sich damit ebenso ein Beispiel alter Gleichberechtigung wie angemaßten Anspruches aufstellen und schließlich sogar noch einige Wiedergutmachungslyrik anstimmen läßt.“

So mag der Dichter Süßkind denn, wie seine zahlreichen Kollegen, irgendwann (im zweiten Drittel des dreizehnten Jahrhunderts) gedichtet und gesungen haben, aber „die Juden in Deutschland hatten im dreizehnten Jahrhundert keinen Dichter in deutscher Sprache“ – und, möchte man hinzufügen, auch die Deutschen hatten keinen jüdischen Dichter in deutscher Sprache. Aber im vierzehnten Jahrhundert hatten sie wenigstens einen Miniaturmaler, der sich einen solchen, noch dazu mit hermelinbesetztem

Mantel, im Ehrensaal des deutschen Minnesangs vorstellen konnte.

Dietrich Gerhardt: „Süßkind von Trimberg". Berichtigungen zu einer Erinnerung. Peter Lang Verlag, Bern/Frankfurt a. M./New York 1997. 394 S.

Kurt Flasch

Wenn Gott nicht gerecht wäre

Philosoph des Christentums: Meister Eckharts Werke und Predigten

Die soziale, politische und kulturelle Entwicklung der führenden Regionen Europas – dazu gehörten Mittel- und Norditalien, die Île de France und die Rheinlande, aber auch Neapel und Südengland – erreichte zu Beginn des vierzehnten Jahrhunderts ein kritisches Stadium: Nach einem ökonomischen und demographischen Aufschwung von etwa zweihundert Jahren geriet das Wachstum an seine Grenze. Die Stadtbürger entwickelten ein Selbstbewußtsein, das mit den agrarisch-feudalen hierarchischen Formen der vorausgegangenen Zeit nicht mehr kompatibel war. In Mallorca, Florenz, Straßburg und in Köln erwarteten die Bürger, in ihrer eigenen Sprache die Kriterien erklärt zu bekommen, nach denen sie belehrt und regiert wurden. Raimundus Lullus, Dante und Meister Eckhart haben auf diese Situation geantwortet; sie wurden Mitbegründer einer neuen volkssprachlichen Literatur, also der katalanischen, toskanischen, mittelhochdeutschen.

Meister Eckhart hat gepredigt, dem gerechten Menschen sei es so ernst mit der Gerechtigkeit, daß er, wäre Gott nicht gerecht, sich nicht die Bohne um ihn kümmern würde. Weder die Qualen der Hölle noch die Freuden des Himmels könnten ihn bewegen. Dies ergab einen neuen Begriff von Christentum. Egon Friedell fand, neben Eckharts Reform des Christentums nehme sich die sogenannte Reformation als kleinliches Mönchsgezänk aus. So weit möchte ich nicht gehen, aber eine weltgeschichtlich signifikante Figur war Eckhart zweifelsohne.

Dabei ist keinem Autor des Mittelalters so übel mitgespielt worden wie Meister Eckhart. Hildegard von Bingen, Abaelard und Joachim von Fiore folgten erst in großem Abstand. Zuerst verurteilte ihn, den hochrangigen Ordensführer, der Papst als Ketzer. Das war 1329, kurz nach Eckharts Tod. Im neunzehnten Jahrhundert geschah das zweite Unglück. Zuerst wurden Eckharts deutsche Predigten wieder bekannt; seine umfangreicheren lateinischen Schriften schlummerten in Bibliotheken. Eckharts Sonntagsreden wurden veröffentlicht; seine Lebensarbeit als Denker blieb verborgen. Die verlegenen Gelehrten suchten eine Deutung der isoliert stehenden Predigttexte, und da sie keine historische Einordnung fanden, nannten sie, was sie nicht verstanden, „Mystik". Das war eine verständliche Reaktion, aber keine historische Forschung. Als die lateinischen Schriften sehr zögernd ans Licht kamen, stand für Eckhart die Kategorie „Mystiker" fest.

Dann kam das dritte Unheil, das Eckhart widerfuhr. Er wurde zum Urbild der deutschen Spekulation. Er wurde der erste deutsche Christ. Nicht erst die Nazis haben sich seiner bemächtigt; schon Paul Natorp erklärte den „Deutschen Weltberuf" anhand einiger Fetzen von Eckhart-Texten. Sowohl Rudolf Eucken als auch Max Scheler sahen in Eckharts Denken das Germanische am Werk: Eckhart wurde, längst vor Rosenberg, das Muster „deutschen", des „germanischen" Glaubens. Die Berufung auf Eckhart wurde zur feingeistigen Mode, bei Bloch und Heidegger, bei Steiner und Fromm.

Dann kam das vierte Unglück. Gegenüber groben Versuchen, Eckhart aus dem Mittelalter geschichtslos herauszureißen, standen gelehrte Männer auf, die zeigten, daß man Thomas von Aquin kennen muß, um Eckhart zu lesen.

Damit hatten sie recht, aber daraus folgte nicht, daß ihre thomistische Vereinnahmung Eckharts richtig war. Es gab im Mittelalter noch ganz andere Bezugspunkte als Thomas, zum Beispiel Moses Maimonides, Averroes und vor allem Albert. Eckhart war kein Thomist.

Das fünfte Unglück war, daß Eckhart zum Apostel einer unbestimmten Spiritualität wurde. Man sah richtig, daß sein Christentum freier war als das der offiziellen Kirche. Darauf einigten sich dogmatisch unklare Katholiken, gebildetere Protestanten und Anthroposophen. Mit Hilfe Eckharts verklebten sie manch arge Verkrustung ihrer Organisationen. Aber auch das war ein Mißbrauch: Eckhart war ein Philosoph der strengen Schule, ein Eierkopf der Sorbonne. Er heißt „Meister", weil er in Paris Magister war. Ökumenische Orgien lassen sich unter seinem Namen nur feiern, wenn man ihn wie durch Milchglas sieht.

Er gehörte in die lebendigste Zeit der mittelalterlichen Expansion: Eckhart ist kurz vor 1260 geboren und vermutlich 1328 gestorben; die großen Krisen der Zeit kündigten sich erst an. Er dachte an eine neue Philosophie des Christentums und öffnete das intellektuelle Leben für Leute, die kein Latein lasen. Er konnte noch glauben, sich im Rahmen der Orthodoxie zu bewegen, und wollte sie nur neu deuten. Aber wie Augustin und Anselm vor ihm veränderte er, was er auslegte.

Eckhart arbeitete an einer Rangerhöhung des Menschen; er dachte den Johanneischen Begriff von einem Gott zu Ende, der die Menschen nicht mehr seine Knechte, sondern seine Freunde nennt und ihnen alles mitteilt, was er war und wußte. Der Gott Eckharts war nicht mehr "der Herr", er war nicht mehr der Felsen des Seins oder das jenseitige höchste Gut. Eckhart revolutionierte das Modell des sozialen Lebens, indem er Hierarchien aller Art zwar nicht abschaffte, aber radikal relativierte. Gott, so predigte er, habe die Frau weder aus dem Kopf noch aus den Füßen Adams erschaffen; er wollte, daß sie ihm gleich sei. Ebenso sei die gerechte Seele Gott gleich, nicht darunter, nicht darüber.

Die Seele, nicht sofern sie betet oder mystische Erfahrungen sucht, sondern sofern sie gerecht ist, wird Gott gleich. Das Schlüsselwort heißt hier: sofern. Eckhart gab dafür ein einfaches, ein philosophisches Argument: Bestimmungen wie „Wahrheit, Einheit, Gerechtigkeit" sind als erschaffene nicht denkbar. Gott hat sie nicht hergestellt, denn sie sind ihrem Wesen nach nichts, was herstellbar wäre. Sofern Menschen sich in der Wahrheit oder Gerechtigkeit bewegen, sind sie in Gott. Und in Gott sind sie Gott, nicht passiv, nicht ruhend, sondern als das Sich-selbst-Bewirken Gottes. Insofern sind sie nicht geschaffen, sondern erzeugt; sie leben in Wechselwirkung innerhalb der Wahrheit. Sie sind der Sohn Gottes.

Diese Philosophie macht bestimmte Voraussetzungen, die ansatzweise in der arabischen Philosophie, bei Augustin, Dionysius und Albert vorhanden waren. Dietrich von Freiberg hat sie vorbereitet; Eckhart hat sie originell entwickelt. In seinen lateinischen Schriften hat er seine Intention klar angezeigt und argumentativ entfaltet; in deutschen Predigten und Traktaten trug er sie öffentlich vor.

Als der Papst ihn nach langer, fachmännischer Beratung schließlich verurteilte, warf er ihm vor, erstens, er habe mehr wissen wollen, als sich gehört, zweitens, er habe seine Ideen auch einfachen Leuten in ihrer Sprache vorgetragen. Beide Vergehen waren gleich schlimm: Dem Gelehrten warf er vor, den Glauben in Wissen verwandeln zu wollen. Der Papst sprach nicht von rhetorischen Übertreibungen oder von spekulativer Zuspitzung, sondern von Häresie. Aber der zweite Vorwurf bezog sich auf Eckharts soziale Funktion und ihre politisch-kirchlichen Folgen: Eckhart hatte

Eckharts Christentum war freier als das seiner Kirche.
Was der als Ketzer Verurteilte auslegte, veränderte er.

seine gewagten Thesen dem unruhigen Volk, selbst Frauen, gepredigt. Das war Satanswerk.

Ihn als „Mystiker“ zu bezeichnen, war so lange plausibel, als seine lateinischen Schriften unbekannt waren. Wir kennen heute die intellektuelle Umgebung, in der er gearbeitet hat. Es ist allerdings bequemer, weiter von Spiritualität und Mystik zu reden, als die vielen tausend lateinischen Seiten Alberts und Dietrichs von Freiberg zu lesen. So wird es noch eine Weile dauern, bis die Unterscheidung von Mystik und Scholastik verschwindet. Bis dahin werden die deutschen Schriften Eckharts weiterhin in künstlicher Isolierung präsentiert, in der sie rätselhaft, „kühn“, mystisch oder abenteuerlich erscheinen.

Als der sozialistische Anarchist Gustav Landauer 1903 wegen Majestätsbeleidigung im Gefängnis saß, übersetzte er Eckharts Predigten. Er meinte, Eckhart sei zu gut für eine historische Analyse; er wollte, daß Eckhart als Lebendiger auferstehe. Wenige Jahre darauf erschien die Übersetzung von Hermann Büttner; sie wurde kurz vor dem Weltkrieg ein Riesenerfolg. Seitdem gilt Eckhart als „Gigant unter allen Mystikern“, als die „erste Großtat der deutschen Philosophie“. Alfred Rosenberg hat eine verbilligte Volksausgabe von Eckharts deutschen Predigten gefordert; er hat sein Ziel erreicht. Die volkstümlichen Ansichten über Meister Eckhart tröpfeln heute noch aus dieser trüben Quelle, denn die mittelhochdeutschen Texte, die Büttner benutzte, waren schlecht ediert.

Dann brachte Josef Quint eine wesentlich verbesserte Ausgabe und eine korrektere neuhochdeutsche Übersetzung. Aber mittlerweile regen sich Einwände gegen Quints mittelhochdeutschen Text. Alle Kundigen waren verwundert, als der Deutsche Klassikerverlag eine neue Eckhart-Ausgabe vorlegte, die wegen ihrer handlichen Form nicht ohne Verdienst ist, aber doch wieder die kritisierte alte Quint-Übersetzung abdruckte. Quint hat zuerst offen mit der Nazi-Interpretation Rosenbergs sympathisiert und dann, nach dem Krieg, die rekatholisierenden Eckhartdeutungen rezipiert. Diese Unsicherheit wirkte sich auf seinen Text und auf seine Übersetzung aus.

Das Bedürfnis nach einer neuen Übersetzung besteht, und die Auswahlausgabe von Louise Gnädinger kommt diesem Bedürfnis entgegen. Sie enthält „vierzig der schönsten deutschen Predigten" in einem wunderschönen Manesse-Bändchen; sie bietet etwa ein Drittel der überlieferten deutschen Predigten. Es wäre seelische Roheit, gegenüber dem verlegerischen Schmuckstückchen mit strengen Maßstäben zu urteilen. Das Deutsch der Übersetzerin klingt moderat modern, manchmal umständlich und betulich; die intellektuelle Brillanz Eckharts klingt nur gebrochen durch. Louise Gnädingers Nachwort gibt den konventionellen Kenntnisstand einer ebenso achtbaren wie theoriefernen Germanistenschule wieder; die philosophiegeschichtliche Forschung ist nicht berücksichtigt. Sie ordnet Eckhart der Seins- und Wesensmystik zu, erklärt aber nicht, was das heißt. Eckhart war aber nicht nur der Verfasser „schöner" Predigten; er war Philosoph des Christentums und hat erklärt, daß er nichts als das sein wolle.

Die Beschränkung auf eine bestimmte Art von Germanistik läßt sich verschmerzen, denn einer der wirklichen Eckhartforscher dieses Jahrhunderts, Loris Sturlese, Entdecker einer neuen lateinischen Eckhart-Handschrift, hat ein kurzes Porträt Eckharts geschrieben: „Meister Eckhart. Ein Porträt". Hier findet sich auf zwanzig Seiten der Stand der gegenwärtigen Forschung. Kehrt man von dort zu der neuen Eckhart-Übersetzung zurück, kann man sich sogar mancher geglückten Wendung erfreuen.

Die Übersetzerin kündigt an, sie wolle den Text Eckharts möglichst „original" belassen. Das ist ihr nicht durchweg gelungen, aus mindestens zwei Gründen nicht: Einmal verläßt sie sich zu sehr auf Quints mittelhochdeutschen Text. Zuweilen setzt sie dazu an, Quints Lesarten zu korrigieren, aber das geschieht sporadisch und ohne konsequente Handschriftenarbeit. Ihre Kritik an Quints Ausgabe beweist nur, daß deren mittelhochdeutscher Text neu bearbeitet werden muß, bevor man ihn übersetzt. Zweiter Grund: Die Übersetzerin bewegt sich, ohne es zu rechtfertigen, in Quints veralteten Kategorien. Diese schwankten zwischen Quints Suche nach dem Urdeutschen, Gotisch-Faustischen und Nordischen in Eckhart, einer irrationalistischen Lebensphilosophie und dogmatisch korrektem Thomismus.

Ich möchte einen Beleg dafür geben, wie falsch es ist, sich auf Quint zu verlassen, der 1941 aus Eckharts Schriften die Aufforderung zum „letzten Einsatz für den Gefolgschaftsherrn“ herauslas. Die neue Übersetzerin feiert nicht mehr mit Quint Eckharts „unbändig faustisch-nordischen Drang in die Tiefe“: Sie teilt nicht Quints Nationalismus. Sie verläßt sich nur zu sehr auf seinen mittelhochdeutschen Text, der von Quints intellektueller Unklarheit nicht so leicht abzulösen ist, wie man wohl meint: In Predigt 52 lehrt Eckhart, daß ich der Grund dafür bin, daß Gott Gott ist. Quint fand diesen Gedanken unverständlich und half sich, indem er die Vokabel „Gott“ bei ihrem zweiten Vorkommen in Anführungszeichen setzte. Dieser Eingriff war ebenso unscheinbar wie dreist. Es heißt also bei Quint: Daß Gott „Gott“ ist, dafür bin ich die Ursache. Das klingt unklar, suggeriert aber, daß ich nur die Vokabel „Gott“ verursacht habe, nicht den lebendigen, wirkenden Gott.

Eckharts Text kennt aber keine Anführungszeichen. Will man ihn original belassen, dann muß man ihn sagen lassen, was er gesagt hat: Ich bin der Grund dafür, daß Gott Gott ist. Dann müßte man weiterfragen, was für ein Begriff von „Ich“ Eckhart voraussetze. Dies ist exakt erforschbar und hat mit einer Rückdatierung Fichtes nicht das mindeste zu tun. Aber eine solche Nachfrage unterbleibt, und so hilft die Übersetzerin sich, Quint folgend, mit Anführungszeichen, die Eckharts Text sanft, fast unauffällig entstellen. Eckharts entscheidende Aussage verschwindet unbemerkt.

Damit könnten wir leben, wenn es nur darum ginge, die „schönsten" Texte des vierzehnten Jahrhunderts zu genießen oder als „geistiges Abenteuer", wie die Übersetzerin sagt, zu erleben. Aber dann bleiben wir vom geschichtlichen Verständnis eines der großen Denker der Achsenzeit weit entfernt. Die dramatische Tatsache, daß der Papst diese neue Fassung des Christentums verurteilt hat, diese für die Folgezeit entscheidende Erstarrung einer Institution von weltgeschichtlicher Größe, schrumpft zusammen zu einem Mißverständnis mit betäubenden ästhetisierenden Nebenwirkungen. Wenn Gott sich nicht mehr als Wahrheit inhaltsreich mitteilt, dann nahen Zeiten, die sich an Eckharts Rat halten und sich nicht mehr die Bohne um ihn kümmern.

Meister Eckhart: „Deutsche Predigten". Hrsg. und übertragen von Louise Gnädinger. Manesse Verlag, Zürich 1999. 472 S.

Meister Eckhart: „Werke". Zwei Bände. Hrsg. von Niklaus Largier. Deutscher Klassiker Verlag, Frankfurt a. M. 1993. Zus. 2135 S.

Loris Sturlese: „Meister Eckhart. Ein Porträt". Friedrich Pustet Verlag, Regensburg 1993. 27 S.

Wolfgang Kemp

Der Erste seines Zeitalters

Giotto di Bondone öffnete der Malerei das Leben

Giotto ist ein Jahrhundertkünstler, wie ihn sich die Annalisten der Kunstgeschichte nicht pünktlicher wünschen könnten. Es wäre sogar zu überlegen, ob er nicht selbst in einer Art von säkularem Bewußtsein gelebt und gehandelt hat. Um 1267 geboren, ist er zum Jahrhundertbeginn 1300 bekannt genug, um in Rom das Fresko zu malen, das Papst Bonifatius VIII. bei der Eröffnung des ersten Heiligen Jahres der Kirche zeigt. In der Geschichtswissenschaft streitet man darüber, wann die „Geburt der Jahrhundertrechnung" erfolgt sei. Wie immer sagen die Revisionisten: ganz spät, im achtzehnten Jahrhundert vielleicht; ich meine, daß das Jahr 1300 hier bessere Chancen erhalten sollte. Die Kühnheit, mit der Bonifatius das Datum für die römische Kirche rekrutierte, wird noch übertroffen von der vorauseilenden Verfügung über ein ganzes Jahrhundert, das vierzehnte Jahrhundert. Erst 1400, so dekretierte der Papst, solle das nächste Jubiläumsjahr stattfinden. Was die Nachfolger freilich nicht beeindruckt hat.

Giottos Verpflichtung durch Bonifatius ist heute ebenso umstritten wie die Identifizierung der kläglichen Freskoreste mit der Ausrufung des Heiligen Jahres. Aber selbst wenn man diese Möglichkeit ausschlägt, so bleibt doch unbestritten, daß Giotto für Kardinal Stefaneschi tätig war, den führenden Rom-Ideologen und Propagandisten des Jubeljahres. Wodurch sich Giotto den Römern empfahl, weiß man nicht – vor 1300 entstandene Werke sind nicht gesichert. Aber im nachhinein rechtfertigte seine Karriere die

Wahl aufs schönste. Er ist der erste Künstler der neueren Kunstgeschichte, der schon von den Zeitgenossen als „der Erste“ beschrieben wurde – der Erste unter seinesgleichen und der Erste, der bestimmte Neuerungen eingeführt hat. Diese für uns nicht hintergehbare Gleichsetzung von Innovation und Rang ist möglicherweise zuerst für Giotto aufgestellt worden. Dante schrieb noch: „Es glaubte Cimabue, ihm gehöre das Feld der Malerei, und nun hat Giotto den großen Ruf.“ Für die späteren Chronisten und Dichter des vierzehnten Jahrhunderts war Giotto der Mann, der die Geschichte der Malerei „herumgedreht“ hat, der Künstler der Epochenwende also. Er habe „die Kunst der Malerei wieder auf ein modernes Niveau gehoben“, schreibt, etwas frei übersetzt, Cennino Cennini im 16. Jahrhundert. Man nannte ihn den „sovrano maestro“: Er habe „die Malerei erneuert“ (Villani) und „die Kunst ans Licht zurückgebracht“ (Boccaccio), indem er sie auf die „Nachahmung der Natur“ (Villani) verpflichtete.

Man darf vermuten, daß Giotto an seiner Fama mitgearbeitet hat, nicht nur als stiller Schöpfer für sich sprechender Werke. Er muß ein guter Publizist seiner selbst gewesen sein. Er ist der erste Künstler, von dem Anekdoten überliefert sind und der in Novellen figuriert. Durch rege Wandertätigkeit hat er für die Verbreitung seines Stils und für Folgeaufträge an seine Schüler gesorgt. Die Quellen sagen, daß er in Rimini, Padua, Florenz, Rom, Neapel und Mailand, vielleicht auch in Avignon gearbeitet hat. Man könnte ihn den ersten Nationalkünstler nennen, um einen weiteren gefährlich anachronistischen Ausdruck zu gebrauchen. Dantes Vorgehen wäre die Parallele. Giotto legte den feierlichen Modus der „byzantinischen Manier“ ab und begründete eine Kunst des „volgare“, eine Malerei in der Volkssprache, die sich durch menschliche Faßbarkeit und eine kraftvolle Idiomatik allerorten verständlich machte: bei den reichen

Bürgern wie Enrico Scrovegni, der von ihm seine Privatkapelle in Padua ausmalen ließ, bei den Männern der Kirche wie Kardinal Stefaneschi, der ihn für die genannten Zwecke einspannte, bei den Fürsten wie Robert von Anjou, für den Giotto einen Zyklus der „Berühmten Männer“ malte.

Der Künstler hat sich diese verschiedenen sozialen Milieus zunutze gemacht; er ist eindeutig der Gewinner in einer historischen Gemengelage, die Stadtstaaten und fürstliche Herrschaften gleichberechtigt nebeneinander kennt. In Neapel macht ihn Robert von Anjou zum „Familiaren und Getreuen“ seines Hofes, was die übliche Einstufung eines höheren Hofbediensteten war. Aber Giottos zusätzliche Auszeichnung als „Protopictor“ läßt aufhorchen. Es kann sein, daß damit eine leitende Stellung im Verband der anderen Werkmeister gemeint war – ein „Vormaler“ im Sinne von Vorarbeiter. Doch das Wort „Protopictor“ verleitet natürlich zu weiterreichenden Assoziationen. Vielleicht ist mit ihm gar nicht das hierarchische Gefüge des Hofes gemeint, sondern ein allgemeiner Rang. Petrarca, der zur Besichtigung der Fresken Giottos in Neapel auffordert, nennt ihn den „princeps nostri aevi“, den ersten Maler seines Zeitalters. Als Giotto von Neapel nach Florenz zurückkehrte, um Stadtbaumeister zu werden, erreichte er in seinen Berufungsverhandlungen „Sonderbedingungen“, „die seine höfischen Privilegien zu kompensieren vermochten“ (Martin Warnke) – einen Ehrensold zum Beispiel. Die Bestallungsurkunde nennt Giotto einen „hocherfahrenen und berühmten“ Mann, den man „in seiner Heimatstadt wie einen großen Meister (magnus magister) aufnehmen und in der Stadt hoch schätzen müsse“.

Das vierzehnte Jahrhundert wurde Giottos Jahrhundert. Es folgten ihm drei langlebige Generationen von Schülern, die von Bozen bis in den Süden Italiens hinunter in geradezu standardisierter Produktion bewältigt haben, was nachgefragt wurde: Kirchenausmalungen, Altäre, Andachtsbilder, Buchmalerei. Als Giotto seine Eleven auf arbeitsteiliges Vorgehen, methodische Hervorbringung, systematische Durchplanung und die speziellen Tricks des Handwerks einstellte, war nicht abzusehen, wie groß die Nachfrage wirklich werden würde. Aber elf Jahre nach Giottos Tod 1337 suchte die Pest Italien heim. Wenn es einen Berufszweig gab, der von dieser Katastrophe profitierte, außer den Leichenbestattern natürlich, dann waren es die Künstler. Gewaltige Hinterlassenschaften wurden in fromme Werke investiert, die nach künstlerischer Verwirklichung verlangten: als Bau, als Ausmalung, als Ausstattung. Giottos Nachleben wurde durch dieses Massensterben begünstigt. Von der Warte der Überlebenden, von der anderen Seite der Zeitschwelle, von 1348 aus, mußte die erste Jahrhunderthälfte „die mythologischen Farben des goldenen Zeitalters annehmen“ (Giovanni Previtali). Bei der Bewältigung des Booms und angesichts der allgemeinen Unsicherheit hielten sich die Künstler an das Bewährte, an Giotto. Um 1390 faßte Cennino Cennini das Know-how der Schule in einem Traktat kanonisch zusammen, was dann, wie so oft, das Ende einer langen Geschichte anzeigte.

Die Kunstgeschichte des zwanzigsten Jahrhunderts hat Giottos säkulare Bedeutung bestätigt. Man hat den Naturalisierungsschub, der von Giottos Malerei ausging, nicht übersehen: Die „plastischen Werte“ seiner durchmodellierten Körper, die gesteigerte Tiefenräumlichkeit, das Gestische aller seiner Bildgegenstände sind in verschiedener Gewichtung gewürdigt worden. Aber wenn wir an die imponierende Stafette denken, die der deutsche Formalismus von Fritz Rintelen über Theodor Hetzer und Dagobert Frey bis hin zu Max Imdahl bildete, so ging es doch letztlich um das eine: Giotto ist der Entdecker des Bildgevierts als „Feld“, als Kraftfeld und als konstitutive Einheit allen male-

Erzählung der Heilsgeschichte in Bildern: Blick in die Arena-Kapelle, Padua

rischen Schaffens. Während vorher die abgeteilte Fläche als passiver Träger die bildlichen Informationen aufnahm, ist sie seit Giotto, in Italien zumindest, zu deren primärem Bezugsrahmen geworden. Anders gesagt: In Giottos Kompositionen ergeben sich Relationen zwischen Körpern als Positionswerte, die ihre Valenz vom Bildfeld erhalten. Das steigert die Aussagemöglichkeiten des Bildes gewissermaßen im Quadrat.

Heute geht man gerne den Schritt weiter vom Bild zum Bildsystem. Die Stärkung des Einzelbildes bedeutet nämlich keine Vernachlässigung der Gesamtkonzeption. In dieser Hinsicht stehen sich Giotto und Dante sehr nahe. Die Entscheidung für die Volkssprache und die damit einhergehende Senkung des Stilniveaus werden kompensiert durch die stringente Gesamtarchitektur der Malerei und der Dichtung. Jeder Vers der „Göttlichen Komödie" ist situiert: als Aussage – immer wissen wir, wo wir uns gerade in dem großen „Gerichtsgebäude" befinden –, aber auch als Struktur – drei Elfsilbler bilden mit fortlaufender Reimverkettung die Terzine beziehungsweise den Gesang, und dieser ist in jedem der drei Teile einer von 33, was mit dem einleitenden „Canto" der „Hölle" die volle Zahl hundert ergibt. Das „volgare illustre", das Dante durch seine Dichtung schaffen wollte, ist eine geregelte Kunstsprache. Das gilt ohne Abstrich auch für Giotto. Er ist nicht ein „poeta regularis" (Dante), sondern ein „pictor regularis", ein in großen Zusammenhängen beziehungsreich und konsequent denkender Künstler.

In der Arena-Kapelle in Padua, die Giotto im ersten Jahrzehnt des vierzehnten Jahrhunderts ausmalt, erzählt er in drei Registern auf den nördlichen, östlichen und südlichen Wänden die Heilsgeschichte: von der Vertreibung Joachims aus dem Tempel bis zur Ausgießung des Geistes am Pfingstfest. In drei Spiralwindungen wird dieser Kursus absolviert, anfangend im obersten Streifen der Südwand und in ihrem östlichsten Feld und endend im östlichsten Feld der untersten Zeile der Nordwand. Die Vorwärtsbewegung wird dadurch unterstützt, daß alle Einzelfelder ansichtig gegeben sind. Wir werden in eine rhythmisch gestaltete Vorwärtsbewegung hineingenommen, welche von links, vom Standpunkt des Betrachters, ausgeht und ihn weiterschickt. Wir sehen also gleich, wie das so sorgfältig gebaute Einzelbild nur scheinautonom ist. Als gerichtetes Bild unterstützt es die Leserichtung. Und gleichzeitig gehört es dem Bau und dem Raum an, den es mitkonstituieren hilft. Alle Bildfelder haben Beleuchtungslicht: Giotto nimmt das große Tripelfenster der westlichen Eingangswand als die bestimmende Lichtquelle an, und so haben die links davon liegenden Bilder Lichtgang von links, und auf der anderen Seite ist es umgekehrt. (An unseren Abbildungen der Allegorien im untersten Register läßt sich das im Detail nachvollziehen.)

Eine weitere Bindung des Einzelfelds an das Ganze ergibt sich daraus, daß die Vorwärtsbewegung des Zyklus durch einen thematischen Vertikalismus gekreuzt wird. Die übereinanderliegenden Bildfelder des christologischen Zyklus bilden Achsen, welche die zwei Phasen der Vita Christi, das öffentliche Auftreten und die Passion, miteinander verklammern. Um ein Beispiel zu geben: Übereinander erscheinen die Anbetung der Könige und die Szene, in der Christus Petrus die Füße wäscht. In beiden Fällen ist die Komposition um einen Kniefall gruppiert, der einmal vor und einmal durch Christus getan wird: So soll die komplexe Natur des Erlösers evident werden, die das menschliche Auge und die menschliche Zeitdimension nur als die getrennten Eigenschaften von erhöhter und erniedrigter realisieren kann.

Was aus der bisher beschriebenen Disposition herausspringt und das Standardformat sprengt, sind die beiden größten Bildfelder, die auf die Schmalseiten gemalt sind: im

Die „Iusticia" – erhält und ordnet;
Bildfeld aus der Sockelzone der Arena-Kapelle

Westen das Jüngste Gericht und im Osten, auf der Triumphbogenwand, der sogenannte Prolog im Himmel. Da berät Gott im Kreis der Engel das Für und Wider seines Rettungsplans, bevor er Gabriel zur Verkündigung an Maria losschickt und mit der Inkarnation die Heilsgeschichte beginnen läßt. Es sind zwei Tribunale, eines am Anfang der christlichen Zeit und eines an deren Ende; es sind Gegenbilder, welche den Gang durch die Geschichte unter das große Thema des Gerichts stellen.

Die so errichtete paradigmatische Längsachse wird geschient durch ein lineares und oppositionelles Arrangement im untersten Register. Dort hatte Giotto nämlich die berühmten Tugenden und Laster gemalt, die Tugenden auf die Südseite und die Laster im Norden. Es sind, ihrem abstrakten Seinsmodus entsprechend, Grisaille-Malereien, genauer Steinfiguren, die Fundamentblöcke gewissermaßen des ganzen programmatischen Aufbaus, aber auch die dem Betrachter nächsten und faßbarsten Größen.

Die zentrale Position der zwei Siebenerreihen nehmen passend die Gegenbilder von Iustitia und Iniustitia ein, so daß im Kreuzungspunkt der nunmehr zwei Achsen, der großen Längsachse und der kurzen Querachse, die an ihren Enden die göttliche und die irdische Gerechtigkeit berühren, das akute Zentrum dieses konzeptionellen Raumes gegeben ist. Die beiden Allegorien sind zusätzlich dadurch hervorgehoben, daß sie als einzige einen erzählenden Sockelstreifen haben und mit erläuternden Inschriften versehen sind. Bewundernswert ist, wie Giotto die Reichweite der dargestellten Prinzipien hinausschiebt: Sie verkörpern nicht nur die richtige oder falsche Entscheidung, sie sind soziale Tugenden und dementsprechend politisch verfaßt. Der Ungerechte ist der Tyrann; so wie er das Gesetz bricht, bricht um ihn herum alles. Sehr weitgehend gesagt, rechtfertigt oder diskreditiert sich die Handhabung der Macht durch ihre Fol-

Die Figur der „Iniusticia" – der Tyrann;
Bildfeld aus der Sockelzone der Arena-Kapelle

gen für die menschliche Gesellschaft – eine Idee, die vielleicht hier zum erstenmal geäußert wird und die ebenso das Jahrhundert des Giotto überlebt hat wie ihre Träger, die Allegorien, welche von den Symbolisten – der späte Ruskin, Marcel Proust – so geliebt wurden, weil sie hohe Ansprüche an die Realität der Ideen hatten.

Die Autoren

Klaus Bergdolt, geb. 1947, ist Professor für Geschichte und Ethik der Medizin an der Universität Köln.

Gerhard Dohrn-van Rossum, geb. 1947, ist Professor für mittelalterliche Geschichte an der Technischen Universität Chemnitz.

Kurt Flasch, geb. 1930, ist Professor emeritus für Philosophie der Ruhr-Universität Bochum.

Michael Jeismann, Dr. phil., geb. 1958, ist Feuilletonredakteur der Frankfurter Allgemeinen Zeitung.

Wolfgang Kemp, geb. 1946, ist Professor für Kunstgeschichte an der Universität Hamburg.

Albrecht Kunkel, geb. 1938, war Wissenschaftsredakteur und arbeitet als freier Journalist.

Peter von Matt, geb. 1937, ist Professor für neuere deutsche Literatur an der Universität Zürich.

Peter Moraw, geb. 1935, ist Professor für mittelalterliche Geschichte an der Universität Gießen.

Achatz von Müller, geb. 1943, ist Professor für mittelalterliche Geschichte an der Universität Basel.

Christian Pfister, geb. 1944, ist Professor für Wirtschafts-, Sozial- und Umweltgeschichte an der Universität Bern.

Hans-Herbert Räkel, geb. 1940, ist Professor für deutsche Sprache und Literatur an der Universität Montreal/Kanada.

Werner Röcke, geb. 1944, ist Professor für deutsche Literatur des Mittelalters und der Frühen Neuzeit an der Humboldt-Universität in Berlin.

Bildquellennachweis

Berlin, Archiv für Kunst und Geschichte *S. 22, 42, 88, 90, 91*
Frankfurt a. M., Archiv Frankfurter Allgemeine Zeitung *S. 69*
Gießen, Peter Moraw *S. 48*
Meiningen, Staatsarchiv *S. 29*
Paris, Bibliothèque nationale *S. 56*
Henning Bock *S. 78*

Kultur und Geschichte des Mittelalters bei C. H. Beck

Klaus Bergdolt
Der Schwarze Tod in Europa
Die Große Pest und das Ende des Mittelalters
3., durchgesehene Auflage. 1995. 267 Seiten mit 8 Abbildungen. Leinen

Marc Bloch
Die wundertätigen Könige
Aus dem Französischen von Claudia Märtl
Mit einem Vorwort von Jacques Le Goff
1998. 555 Seiten mit 5 Abbildungen. Leinen
C. H. Beck Kulturwissenschaft

Willibald Sauerländer
Das Jahrhundert der großen Kathedralen 1140–1260
1990. VIII, 500 Seiten mit 430 Abbildungen,
davon 92 in Farbe und 3 Karten. Leinen
Universum der Kunst

Alain Erlande-Brandenburg
Triumph der Gotik 1260–1380
1988. VI, 456 Seiten mit 418 Abbildungen,
davon 167 in Farbe und 6 Karten. Leinen
Universum der Kunst

Albert Châtelet/Roland Recht
Ausklang des Mittelalters 1380–1500
1989. 478 Seiten mit 395 Abbildungen,
davon 150 in Farbe und 2 Karten. Leinen
Universum der Kunst

Jörg K. Hoensch
Kaiser Sigismund
Herrscher an der Schwelle zur Neuzeit 1368–1437
1996. 652 Seiten mit 33 Abbildungen und 5 Karten. Leinen